suhrkamp taschenbuch 4074

In die Fundamente des öffentlichen Bewußtseins ist Thomas Bernhard – durch sein Werk wie seine persönlichen Stellungnahmen – als »Österreicherhaßer«, als »Nestbeschmutzer« eingelassen. Wie die in diesem Band zusammengestellten Auslassungen – auf eine Unterscheidung zwischen Figurenrede (im literarischen Werk) und Stellungnahmen des Autors Thomas Bernhard wurde verzichtet, da der Autor sich bekanntermaßen genauso äußert wie seine Protagonisten – gegen Städte zeigen, muß Bernhard auch als »Deutschlandhasser«, sogar als »Europahasser« gelten: ob Rom oder Oslo, ob Athen oder Lissabon oder Bukarest, ganz zu schweigen von München, Frankfurt, Düsseldorf, Berlin oder Hamburg, sie sind, mal mehr, mal weniger explizit, Brutstätten des Kleinbürgertums, das sich durch Stumpfsinn, Borniertheit hervortut und für häßliche Bauten, Gestank und »Mord« der Künstler und deren Leistungen verantwortlich zeichnet, das in Deutschland und Österreich den Nährboden für das Überleben alter und das Heranwachsen neuer Nazis darstellt, das zumindest die »Geistesmenschen« zugrunde richtet, kurz: ganz Europa ist (gefährliche) Provinz.

Thomas Bernhard, geboren am 9. Februar 1931, starb am 12. Februar 1989 in Gmunden (Oberösterreich).

Thomas Bernhard
Städtebeschimpfungen

Herausgegeben von
Raimund Fellinger

Suhrkamp

Erste Auflage 2016
suhrkamp taschenbuch 4074
© dieser Ausgabe Suhrkamp Verlag Berlin 2016
Suhrkamp Taschenbuch Verlag
Drucknachweise am Ende dieses Bandes
Alle Rechte vorbehalten, insbesondere das
der Übersetzung, des öffentlichen Vortrags sowie
der Übertragung durch Rundfunk und Fernsehen,
auch einzelner Teile.
Kein Teil des Werkes darf in irgendeiner Form
(durch Fotografie, Mikrofilm oder andere Verfahren)
ohne schriftliche Genehmigung des Verlages reproduziert
oder unter Verwendung elektronischer Systeme
verarbeitet, vervielfältigt oder verbreitet werden.
Umschlagabbildung: ullstein bild – bpk/Digne Meller Marcovicz
Umschlaggestaltung: Göllner, Michels
Druck und Bindung: CPI – Ebner & Spiegel, Ulm
Printed in Germany
ISBN: 978-3-518-46074-0

Städtebeschimpfungen

»Die Welt ist insgesamt schon gänzlich Provinz geworden.«

Altaussee

HERRENSTEIN
  Glauben Sie wirklich
  daß mir Altaussee gut tut
  ich habe Altaussee immer gehaßt
  diese alten Häuser diese alten Leute
  alles muffig und vermodert
  alles feucht
  wenn wir ins Bett steigen steigen wir in ein feuchtes
  es hat mir immer den Hals zugeschnürt in Altaussee
  ich verstehe gar nicht daß es Leute gegeben hat
  die sich freiwillig in Altaussee angesiedelt haben
  Schriftsteller Komponisten Komödianten
  dieses ganze Gesindel hat sich dort angekauft
  vor der Jahrhundertwende und danach
  Kaum haben die Leute Geld
  kaufen sie sich diese alten scheußlichen Häuser
  gehen in Dirndlkleidern herum und in Lederhosen
  und machen sich mit Fleischhauern und Holzhackern
                              gemein
  [...]
  Ich glaube nicht
  daß ich in dieses Nazinest fahre
  ich weiß schon warum ich in Altaussee
  keine Luft bekomme
  es ist nicht nur wegen der Berge
  es ist wegen der vielen Nazis
  die dort ansässig sind

die schönsten Gegenden Österreichs
haben immer die meisten Nazis angezogen
Salzburg Gmunden Altaussee
das sind nichts als Nazinester

Altensam

[...] aber Roithamer hat schon sehr früh und zwar schon in der frühesten Kindheit, die er zusammen mit seinen drei Geschwistern in Altensam verbracht hat, verstehen müssen, daß er fort und möglichst rasch und ohne Umschweife weg muß, um nicht zugrunde zu gehen, wie seine Geschwister ja letztenendes zugrunde gegangen sind, denn darüber, daß seine Geschwister an Österreich zugrunde gegangen sind, besteht nicht der geringste Zweifel, denn der ältere Bruder ist an Altensam verkommen, an den Umständen, aus welchen Altensam ist, aus den Zuständen, die in Altensam herrschen und immer geherrscht haben, und der ältere Bruder hatte auch nicht ein einzigesmal den Versuch gemacht, aus Altensam wegzugehen, er hat die für Altensam charakteristische Entwicklung genommen, dem Absterbensprozeß in Altensam, das nichts anderes ist, als ein Absterbensprozeß, hat er sich schon vom ersten Augenblick an widerspruchslos ausgeliefert, niemals den Versuch gemacht, auszubrechen aus Altensam, Altensam aufzugeben, dazu hatte der nicht die geringste Kraft, an Mut und an Entschiedenheit und also an Geistesentschiedenheit hat es diesem älteren Bruder, den ich von Kindheit an kenne wie auch den jüngeren Bruder, immer gefehlt, die Ordnung als Unordnung, die in Altensam immer alles beherrscht hat, diese exakte Absterbensverwirklichung eines ungeheuren Besitzes hatte dieser ältere Bruder ganz einfach hingenommen, weil es seine Eltern von ihm verlangt haben und er ist in Altensam aufgewachsen, wie sie alle immer in Altensam aufgewachsen sind und es ist aus ihm einer geworden, wie sie alle immer in Altensam geworden sind, ein typischer Altensamer ist aus ihm geworden, einer, der im Grunde nichts anderes kennt und auch nichts anderes akzeptiert als Altensam, der mit Altensam aufgewacht ist und der, nachdem er Altensam durchlebt hat, mit Altensam sterben wird.

Augsburg

CARIBALDI
  Es gibt nichts Abstoßenderes
  als das unmotivierte Lachen
  eines intelligenten Menschen
SPASSMACHER *läßt die Haube vors Gesicht fallen und setzt*
  sie sich gleich wieder auf und hält sie mit beiden Händen
  am Kopf fest
ALLE *außer* CARIBALDI *lachen laut, hören blitzartig zu*
  lachen auf
CARIBALDI *will aufspringen, wird aber von heftigem*
  Rückenschmerz zurückgehalten, setzt sich wieder
JONGLEUR
  Sie dürfen nicht abrupt
  aufspringen
  Sie wissen
  daß Sie nicht abrupt
  aufspringen dürfen
CARIBALDI
  Morgen in Augsburg
  greift sich an den Rücken
  Morgen in Augsburg
  Mein ganzes Leben
  ist eine Qual
  alle meine Vorstellungen
  sind zunichte
  Aber nicht genug
  wird man auch noch

    fortwährend aufgezogen
    den JONGLEUR *anblickend*
    desavouiert
    den SPASSMACHER *anblickend*
    hintergangen
    die ENKELIN *anblickend*
    ausgelacht
    zum SPASSMACHER
    Du machst mich wahnsinnig
    wenn du die Haube
    mit beiden Händen
    an deinem Kopf festhältst
SPASSMACHER *nimmt die Hände weg vom Kopf, die Haube fällt*
CARIBALDI *ruft aus*
    Ein Alptraum
    ein Alptraum
SPASSMACHER *setzt sich die Haube wieder auf*
CARIBALDI *schaut auf die Uhr*
    Eines Tages
    bringe ich diesen Menschen
    um
    Diesen Neffen
    streicht einen langen Ton auf dem Cello und zupft an einer Saite
    Obwohl er weiß
    wir warten auf ihn
    Kommt er nicht
    Es ist sein Triumph
    streicht sieben kurze kräftige Töne auf dem Cello
    Es ist sein Triumph

    streicht einen kurzen tiefen Ton, setzt ab
Casals
Wir müssen die Temperaturschwankungen
beachten
    zur ENKELIN
Den größten Wert auf die Temperaturschwankungen
legen
    zum JONGLEUR
Es ist ein Quintett
kein Quartett
Es heißt nicht
Forellenquartett
es heißt
Forellenquintett
Die eingehen
    über den DOMPTEUR
verfüttert er an die andern
    zupft am Cello
Immer lungert der Mensch herum
frißt säuft
    ruft aus
Ein Zersetzer
Ich bin genug bestraft
    bedeutet dem SPASSMACHER, *ganz an ihn,* CARIBALDI,
        heranzukommen
SPASSMACHER *ganz an* CARIBALDI *heran*
CARIBALDI *die Haube des* SPASSMACHERs *untersuchend*
    zum JONGLEUR
Vielleicht ist es
nur eine Frage
des Stoffes

klopft dem SPASSMACHER *auf den Kopf, fragt ihn*
Was ist das für ein Stoff
SPASSMACHER
Seide
Seide ist es
CARIBALDI *zum* JONGLEUR
Seide
Seide ist es
Es ist Seide
ruft aus
Seide Seide
zum JONGLEUR
Muß es Seide sein
Es muß nicht Seide sein
Seide muß es nicht sein
Leinen
Leinen
gestärktes Leinen
JONGLEUR *zuckt die Achseln*
CARIBALDI *zur* ENKELIN
Es muß nicht Seide sein
mein Kind
Leinen
Gestärktes Leinen
ENKELIN
Gestärktes Leinen
CARIBALDI *zum* SPASSMACHER
Gib her
zeig her
gib her
SPASSMACHER *gibt* CARIBALDI *die Haube, dieser betrachtet die Haube*

CARIBALDI
Seide
Seide
die Haube ist ja viel zu bauschig
eine viel zu bauschige Haube
Leinen
Leinen
gestärktes Leinen
Ich kann mir vorstellen
daß eine Haube aus Leinen
aus gestärktem Leinen
auf dem Kopf bleibt
greift dem SPASSMACHER *auf den Kopf*
Auf diesem Kopf bleibt
auf dem Kopf
die Haube
da auf dem Kopf
aus gestärktem Leinen
gibt dem SPASSMACHER *die Haube zurück*
SPASSMACHER *setzt sich die Haube auf*
CARIBALDI
Eine Leinenhaube natürlich
SPASSMACHER *im Rückwärtsgang*
CARIBALDI
Eine Leinenhaube
eine gestärkte Leinenhaube
SPASSMACHER *setzt sich*
CARIBALDI
Morgen in Augsburg
In Augsburg morgen
Leinen

>   gestärktes Leinen
>   *zur* ENKELIN
>   die Haube gestärkt
>   Morgen in Augsburg
>   mein Kind
>   In Augsburg
> SPASSMACHER *verliert die Haube*
> CARIBALDI *schreit*
>   Aufsetzen
>   die Haube aufsetzen
>   die Haube aufsetzen
> SPASSMACHER *setzt die Haube auf*
> CARIBALDI *zum* JONGLEUR
>   Eine Verrücktheit
>   eine Marotte
>   ein Krankheitserreger
>   JONGLEUR *wiederholt*
>   Ein Krankheitserreger
> CARIBALDI
>   Ein Krankheitserreger
>   *greift sich an den Rücken*
>   Alles ist gegen
>   die Probe
>   gegen mich
>   *ruft aus*
>   Ihr seid alle gegen mich
>   ich sollte euch alle zum Teufel jagen
>   *greift sich an die Hüfte*
>   Je weiter nach Norden
>   desto größer die Schmerzen
>   *zum* JONGLEUR

Gibt es denn in Augsburg
  überhaupt einen Arzt
  einen Rheumaspezialisten
  in diesem muffigen verabscheuungswürdigen Nest
  In dieser Lechkloake
  zur ENKELIN
  Du mußt mich heute noch einreiben
  mein Kind
  von unten nach oben
  verstehst du
  langsam von unten
  nach oben
  Den Saft schütteln
  schütteln den Saft
JONGLEUR *zur* ENKELIN
  Der Rückenschmerzsaft
  gehört gut
  geschüttelt
CARIBALDI
  Schütteln
  schütteln
  verstehst du
JONGLEUR *zu* CARIBALDI
  Diese Rheumatismussäfte
  müssen gut geschüttelt sein
CARIBALDI *zum* JONGLEUR
  Oder ich lasse mich doch
  von meinem Neffen einreiben
  diese großen diese riesigen Handballen
  meines Neffen tun mir gut
  zur ENKELIN

  Deine Hände sind
  Hühnerknochen
  wie Hühnerknochen
  zum JONGLEUR
  Diese riesigen Handballen
  meines Neffen wissen Sie
SPASSMACHER *streicht jetzt mehrere lange tiefe Töne auf der Baßgeige*
CARIBALDI *zum* JONGLEUR
  Zum Einreiben
  ist mein Neffe
  gut genug
  sonst ist er
  für nichts
ENKELIN *streicht, während der Spaßmacher dasselbe auf der Baßgeige tut, auf ihrem Instrument, der Viola, mehrere Töne*
CARIBALDI *zum Jongleur*
  Diese großen fleischigen Handballen
  müssen Sie wissen
  Dieser mißratene Mensch
  der die Gewohnheit hat
  ständig auf dem Klavier
  noch dazu auf dem offenen Klavier
  riesige die größten Rettiche
  zu essen
JONGLEUR *streicht mehrere Töne auf der Violine, während der* SPASSMACHER *und die* ENKELIN *noch nicht aufgehört haben, ihre Instrumente zu streichen*
CARIBALDI *plötzlich*
  Das ist ja nicht auszuhalten

dieses verstimmte Klavier
und dieser entsetzliche Gestank
vom Rettich
ALLE *hören auf, ihre Instrumente zu streichen*
CARIBALDI
Streichinstrumente
Streichinstrumente
ruft aus
Gibt es denn in Augsburg
überhaupt
einen Klavierstimmer
Einen solchen durch und durch
unmusikalischen Menschen
an das Klavier zu setzen
weil man dazu gezwungen ist

* * *

Ein Briefwechsel zwischen dem Oberbürgermeister der
Stadt Augsburg und dem Verleger des Suhrkamp Verlags

DER OBERBÜRGERMEISTER DER STADT AUGSBURG

Herrn
Siegfried Unseld
Suhrkamp-Verlag
6 Frankfurt (Main)
Lindenstraße 29

          Augsburg, 7. August 1974

Sehr geehrter Herr Unseld!
Wie abstrakt oder wie konkret ist das Gemeinwesen Stadt?
Hat eine Stadt als lebendige Gemeinschaft ihrer Bürger
auch eine Ehre, die verletzt werden kann? Werden Ansehen
und Geschäfte einer Stadt geschädigt, wenn ihr im
öffentlichen Rampenlicht unwahr und diffamierend Übles
nachgeredet wird? Das sind sicher sehr interessante Fragen
für Publizisten und Juristen und derzeit auch für unser
städtisches Rechtsamt. Zuvörderst aber möchte ich bei
Ihnen vorstellig werden, um Interessen der Stadt Augsburg
und Belange der Bürger zu wahren.
Dies ist der Grund meines Schreibens: In Ihrem Verlag,
sehr geehrter Herr Unseld, ist das Stück »Die Macht der
Gewohnheit« von Thomas Bernhard erschienen, das
soeben in Salzburg uraufgeführt wurde. In diesem Stück
wird – wenn Presse und Rundfunk aus der Aufführung
richtig zitieren – die Stadt Augsburg als muffiges und
verabscheuungswürdiges Nest diffamiert und es werden

die Augsburger als die am schlimmsten abstoßend riechenden unter allen Zirkuszuschauern beschimpft. Das scheinen mir selbst für eine Komödie doch allzu bitterböse Worte, die Herr Bernhard auch mit dem Hinweis auf die Freiheit eines Autors nicht rechtfertigen könnte.
Nicht einmal der Dichter Bert Brecht hat behauptet, daß Augsburg eine Lechkloake sei und Brecht war kritisch und hat Augsburg gekannt. Er wurde an einem Augsburger Lechkanal geboren und ist nahe am Stadtgraben aufgewachsen. Ich muß annehmen, daß Herr Thomas Bernhard unser Augsburg überhaupt nicht kennt.
Deshalb möchte ich Herrn Bernhard einladen, doch bald einmal nach Augsburg zu kommen und hier drei Tage lang unser Gast zu sein. Die Stadt Augsburg wird die Kosten seines Aufenthaltes tragen und wir werden ihm auch gerne alles zeigen, was immer er sehen will, und ihn auch zum Lech hinführen und ihn mit Menschen aller Bevölkerungsschichten bekanntmachen. Und dann wird Herr Bernhard sicher bald sehen und fühlen und riechen, daß Augsburg zwar von einer 2000jährigen Geschichte geprägt, aber doch eine schmucke und muntere Großstadt ist mit quellreinem Trinkwasser und mit sauberen Bürgern. Und daß es hier gar nicht so übel riecht.
Übrigens: Rheumaspezialisten haben wir auch.
So darf ich Sie, sehr verehrter Herr Unseld, höflichst bitten, diese Einladung an Herrn Thomas Bernhard weiterzugeben. Ihrer und seiner Antwort sehe ich erwartungsvoll entgegen.
Mit freundlichen Grüßen
Hans Breuer
Oberbürgermeister

Suhrkamp Verlag

9. August 1974

Verehrter Herr Oberbürgermeister,
vielen Dank für Ihren Brief vom 7. August 1974. Ich respektiere durchaus, daß Sie sich für das Ansehen, die Interessen und Belange der Stadt Augsburg und ihrer Bürger einsetzen, doch all dies ist durch Thomas Bernhard und sein Stück »Die Macht der Gewohnheit« ganz und gar nicht in Frage gestellt. Es handelt sich um eine Komödie, und das heißt auch, daß alles, was darin über Augsburg oder andere Städte gesagt wird, Äußerungen theatralischer Figuren sind. Thomas Bernhard hat nicht, weder in einem Interview noch in einem Artikel, seine persönliche Meinung über die Stadt Augsburg veröffentlicht, sondern eine Figur seines Stückes, der Zirkusdirektor Caribaldi, hat in bestimmten dramatischen Momenten voller Erregung und Zuspitzung sich über eine Stadt geäußert, die rein zufällig die nächste Station seiner Tournee ist. Es könnte dies jede andere Stadt sein; der Name Augsburg hat dabei wirklich nichts mit der Realität Ihrer Stadt zu tun.
Bitte vollziehen nicht auch Sie dieses Mißverständnis, unter dem die dramatische Literatur so oft hat leiden müssen – ein Mißverständnis, das immer eintritt, wenn man den Autor für die Äußerungen seiner Figuren zur Rechenschaft ziehen möchte. Ein Theaterstück besteht aus Konflikten und Kontroversen, Widersprüchen und Dialogen, und in der Herstellung dieser Zusammenhänge ist der Autor genötigt, seinen Figuren so viel Selbständigkeit und eigenes Leben zu gestatten, daß sie auf der Bühne auch alle Verantwortung für ihr Tun und

Lassen zu tragen haben. Auf diese Weise entstehen dann Ereignisse und Äußerungen, die nicht unbedingt im Sinne des Autors liegen, sondern alleine die Autonomie seiner Figuren beweisen. Oder würden Sie glauben, daß der von Ihnen zitierte Bertolt Brecht die Machenschaften seines Mackie Messer billigen würde und damit auch verantworten müßte?

Und denken Sie doch bitte an die Beispiele, die uns die Literaturgeschichte bietet. Beispiele viel vehementerer und böserer Art, in denen Autoren sich mit ihrer Heimatstadt auseinandersetzen. Wenn man das historisch betrachtet, so haben diese Äußerungen ja wirklich den Städten nicht geschadet. Litt Göttingen darunter, daß Heine sie als eine Stadt bezeichnete, die man am schönsten mit dem Rücken betrachtet? Glauben Sie, daß der Haßgesang von James Joyce auf Dublin die Liebenswürdigkeit dieser Stadt beeinträchtigt hätte? Ist letztlich Lübeck nicht durch kritische Äußerungen von Thomas Mann geadelt worden? Oder denken Sie an einen Ihnen benachbarten Fall: ein Leben lang hatte Marieluise Fleißer unter den Ingolstädtern zu leiden. Jetzt wird sie von ihnen geehrt, mit Recht, sie hat die Stadt aus ihrer Provinzialität herausgeführt.

Verehrter Herr Oberbürgermeister, ich nehme Ihre Besorgnis überaus ernst, aber ich hoffe auch, daß ich Sie überzeugen konnte. Ihre großzügige Einladung gebe ich gerne an Thomas Bernhard weiter, er ist gegenwärtig im Ausland. Meinerseits darf ich Ihnen ein Exemplar der Buchausgabe des Stückes zusenden, damit Sie Gelegenheit haben, diese Äußerungen im Kontext des Ganzen kennenzulernen. Ich glaube, Sie erhalten dann doch einen

anderen Eindruck als durch die von der Presse aus dem Zusammenhang gerissenen Zitate. Die letzte Aufführung der »Macht der Gewohnheit« in Salzburg wird am 21. August stattfinden. Ich bin gerne bereit, zwei Karten für Sie reservieren zu lassen, damit Sie sich selbst von meinen Argumenten überzeugen können.
Nach Ihrem Brief bedaure ich besonders, daß das Augsburger Theater das Gastspielangebot für Bernhards Stück nicht angenommen hat. Ich könnte mir vorstellen, daß die Bürger dieser Stadt Bernhards Komödie als Komödie aufnähmen, daß sie den Lech sehen, wie er ist, und daß sie sich nicht diffamiert fühlten.

Mit einem freundlichen Gruß
bin ich Ihr
Dr. Siegfried Unseld

DER OBERBÜRGERMEISTER DER STADT AUGSBURG

Herrn
Dr. Siegfried Unseld
Suhrkamp Verlag
6 Frankfurt (Main)
Lindenstraße 29-35

                          Augsburg, 12. August 1974

Sehr geehrter Herr Unseld!
Herzlichen Dank für Ihr Schreiben vom 9. August und für die Weiterleitung meiner Einladung an Herrn Thomas Bernhard.

Leider kann ich Ihre Aufspaltung von Autor und Figur nicht nachvollziehen, und ich kann mir auch nicht vorstellen, daß Augsburg etwa durch das geadelt wird, was Herr Bernhard den Zirkusdirektor Caribaldi über unsere Stadt sagen läßt.
Über Ihre Einladung, am 21. August in Salzburg die letzte Aufführung der »Macht der Gewohnheit« anzuschauen, habe ich mich sehr gefreut; leider kann ich Ihr Angebot aus Termingründen nicht annehmen.

Mit freundlichen Grüßen
Ihr
Hans Breuer

***

Von Lissabon aus empfinde ich Augsburg noch elementarer scheußlich als in meinem neuen Theaterstück. Mein Mitgefühl mit den Augsburgern und allen in Europa, die sich als Augsburger verstehen, ist ungeheuer grenzenlos und absolut. *Frankfurter Allgemeine Zeitung, 12. August 1974*

***

Augsburg einmal anders:
Muffiges Nest und Lechkloake
Beschimpfung im neuen Stück. Premiere in Salzburg

Augsburg ist ein »muffiges, verabscheuungswürdiges Nest«, eine »Lechkloake«! Das jedenfalls äußert der Autor Thomas Bernhard in seinem Stück »Die Macht der Gewohnheit«, das am 27. Juli im Landestheater Salzburg Premiere hat. Wörtlich heißt es da: »Gibt es denn in Augsburg überhaupt einen Arzt, einen Rheumaspezialisten, in diesem muffigen, verabscheuungswürdigen Nest, in dieser Lechkloake?«

Wann der Autor, 1931 in Holland geboren und jetzt in Oberösterreich ansässig, seine negativen Augsburg-Erfahrungen gesammelt hat, bleibt vorerst unergründlich: »Herr Bernhard ist nicht zu erreichen. Er war auch erst einmal auf den Proben«, heißt es im Landestheater Salzburg, und die Festspieldirektion kann über seinen Aufenthalt »keine näheren Angaben« machen.

»Uns wurde das Stück angeboten, und wir haben es abgelehnt«, sagt Dramaturg Urs Leicht von den Städtischen Bühnen. Finanzielle und terminliche Gründe seien für diese Entscheidung »ausschlaggebend gewesen«.

Das Stück spielt in einem Zirkuswagen, der auf Tournee ist. Zirkusdirektor Caribaldi hat eine typische Redensart, die er immer wiederholt: »Morgen in Augsburg ...« Wie eine Sprecherin des Suhrkamp-Verlages – hier ist die Komödie erschienen – äußerte, »meint Thomas Bernhard damit sicherlich nicht die Stadt Augsburg selbst, sondern ihr Name steht für alle anderen Städte auch. Gemeint ist damit, daß es morgen, in der nächsten Stadt, auch nicht besser sein wird.«

dkw, in: »Augsburger Allgemeine«, 20. Juli 1974

Beziehungen zu Salzburg gestört
Vorsitzender der Mozartgemeinde Augsburg
schreibt an Festspielleitung

An die Leitung der Salzburger Festspiele hat Stadtrat Richard Maier, stellvertretender Vorsitzender des Kulturausschusses der Stadt Augsburg und Vorsitzender der Augsburger Mozartgemeinde, ein Schreiben gerichtet, in dem er gegen die Aufführung des Stückes »Die Macht der Gewohnheit« von Thomas Bernhard protestiert. Bernhard hat in dieser Komödie, wie berichtet, die Stadt Augsburg mit abwertenden Bezeichnungen belegt und unter anderem als »Lechkloake« bezeichnet.

Stadtrat Maier schreibt: »Es ist mir unverständlich, wie Sie in das Programm der Salzburger Festspiele ein Werk aufnehmen konnten – auch wenn es das neueste Stück eines Oesterreich-Literaturpreisträgers ist –, das in so erniedrigender Weise eine Stadt, die gerade zu Salzburg in so enger Verbindung steht, mit Ausdrücken beleidigt, die man sich wohl auch bei einem hinterwäldlerischen Dorf überlegen würde.

Hier geht die dichterische Freiheit zu weit, und ich kann nur fragen: Ist diese Tatsache dem oder den Verantwortlichen für die Auswahl der Stücke nicht aufgefallen? Oder war auch diesen die Stadt Augsburg und ihre Beziehungen zu Salzburg unbekannt?

Da von Ihrer Seite bisher keine offizielle Stellungnahme zu diesem Fauxpas erfolgt ist, richte ich diesen offenen Brief an Sie und hoffe, daß Sie baldigst die gestörten Beziehungen zu Augsburg wieder ins Lot bringen.

Ich würde das vor allem begrüßen im Hinblick auf eine im

Oktober 74 vorgesehene Fahrt des Augsburger Kulturausschusses nach Salzburg und eine im Juni 75 geplante Kunstfahrt der Mozartgemeinde Augsburg in Ihre Stadt.«

»Augsburger Allgemeine«, 19. August 1974

Abgeordneter will Landesvater in den Theaterkrieg schicken
MDL Stefan Höpfinger fordert:
Stück vom ZDF-Programm absetzen

Gegen die »Macht der Gewohnheit« soll nun Bayerns höchster Landesherr etwas unternehmen. So will es Augsburgs Landtagsabgeordneter Stefan Höpfinger.

Was man mit dem geflügelten Wort »Macht der Gewohnheit« entschuldigt, sind meist schlechte Angewohnheiten, die man sich abgewöhnen sollte – wie zum Beispiel Kraftausdrücke.

In diesem Falle geht es um Kraftausdrücke, die gegen Augsburg gerichtet sind. Sie kommen, wie berichtet, in Thomas Bernhards Komödie »Die Macht der Gewohnheit« vor, die bei den Salzburger Festspielen aufgeführt wird und am 30. August im Zweiten Deutschen Fernsehen zu sehen und – oh! – zu hören sein wird.

Die Augsburger möchten dem Autor gern die besagten Kraftausdrücke abgewöhnen. Auf elegante Art hat dies Oberbürgermeister Hans Breuer mit einer Einladung in die Fuggerstadt versucht. Da soll nun also der Verfasser selbst sehen, ob Augsburg eine »Lechkloake« ist ...!

MDL Stefan Höpfinger fährt stärkere Geschütze gegen den

Literaten auf: er will den bayerischen Ministerpräsidenten ins Gefecht schicken:

So schreibt er an Dr. e. h. Alfons Goppel: »Ich bitte Sie, Herr Ministerpräsident, Ihren ganzen Einfluß geltend zu machen, daß dieses Stück vom Programm des ZDF am 30. August abgesetzt wird. Ferner bitte ich Sie, bei den Veranstaltern der Salzburger Festspiele Ihr Befremden zum Ausdruck zu bringen, daß dieses Stück im Landestheater Salzburg Premiere begehen konnte.

Augsburg ist die drittgrößte Stadt Bayerns. Eine Beleidigung unserer Stadt ist auch eine Beleidigung unseres Freistaates Bayern.«*

Als Vorsitzender der Mozartgesellschaft in Augsburg hat Stadtrat Richard Maier bereits ein Protestschreiben nach Salzburg geschickt. Er bangt um die guten Beziehungen zwischen den Mozartstädten.

Für eine versöhnliche Lösung tritt AZ-Leserin Auguste Kleiter, Schießgrabenstraße 8a, ein. Sie möchte den Autor oder die Verantwortlichen der Salzburger Festspiele dazu bewegen, den in der Komödie aufgeführten Orten Phantasienamen zu geben. »Es sind in dieser Komödie noch mehr deutsche Städte genannt«, berichtet sie, »allerdings wird nur Augsburg auf so beleidigende Art beurteilt.«

Mit Humor betrachtet AZ-Leser Josef Röder, Imhofstraße 12, den Fall: Er hat das Stück bereits im Oesterreichischen Fernsehen erlebt und meint:

---

* Am 22. August 1974 meldet die »Augsburger Zeitung«: »Zu dem Brief erklärte der amtierende Leiter der Staatskanzlei, der geborene Augsburger Dr. Ferdinand Jaquet, am Mittwoch: ›Die Bürger der alten freien Reichsstadt, die jahrhundertelang Zentrum europäischer Kultur und Geschichte war, könnten über solche Anwürfe eigentlich gelassen hinweggehen.‹«

»Für Augsburg wirklich kein Grund zu Aufregung, wohl aber eine Anregung zur Ausgestaltung eines Festwagens für den nächsten Augsburger Faschingszug. Etwa unter dem Motto: ›Kaiser Augustus zieht dem Bernhardie die Hosen stramm‹.«

Röder war 1938 Faschingsprinz der Perlachia.

»Als Gipfel der Lächerlichkeit« bezeichnet es Gernot Albes aus Wulfertshausen, mit welchen Reaktionen Kreise, denen man einen gewissen Grad von Toleranz und Intelligenz, ja sogar Verbundenheit mit der Kunst zuspricht, auf Aeußerungen eines Künstlers in einem seiner Werke bezüglich ihrer Heimatstadt Augsburg aufwarten. Ist man denn so verbohrt, zu glauben, des Künstlers innere Ueberzeugung liege gerade in diesen Worten?«

Gertrud Seyboth, in: »Augsburger Allgemeine«, 21. August 1974

***

Wie beurteilen Sie das Bernhard-Stück »Die Macht der Gewohnheit«?

Rudolf Stromberg, Intendant der Städtischen Bühnen:
Thomas Bernhard ist ein ernstzunehmender Nachwuchsdramatiker. »Die Macht der Gewohnheit« ist eines der wenigen diskutablen Stücke. Die abfälligen Bemerkungen über Augsburg dienen dazu, die Figur des von den ewigen Tournee-Gastspielen abgestumpften Zirkusdirektors Caribaldi zu charakterisieren. Es wäre eine Ueberbewertung, diese Vorurteile als objektive Aussage über unsere Stadt aufzufas-

sen. Darüber, daß Caribaldis Bemerkungen sachlich gesehen unzutreffend sind, besteht für mich kein Zweifel.

Ulrike Huber, Stadträtin:
Der Autor scheint selbst gemerkt zu haben, wie schwach sein »Werk« ist und hat es daher für weitere Aufführungen gesperrt. Wir Augsburger haben den Fehler gemacht, uns über dieses sonst nicht der Rede werte Stück wegen eines bösartigen, unwissenden Satzes aufzuregen. Der Autor wird es uns danken, bei ihm klingelt es nun in der Kasse. Deswegen, um in der Sprache des Autors zu bleiben: »Morgen in Augsburg, kein Wort mehr von diesem dumm-dreisten Machwerk«. Eine Herausforderung waren die Lobhudeleien in der Fernsehdiskussion.

Dr. Ludwig Wegele, Vorsitzender des Verkehrsvereins:
Die höchst unfreundlichen Worte über Augsburg klingen im Zusammenhang des Stückes, gesprochen von einem Halbirren, doch nicht so hart, wie wenn sie schwarz auf weiß auf Papier stehen. Die Sorge, morgen in Augsburg, zieht sich durch das ganze Stück und findet in dem Ausspruch des rheumageplagten Zirkusdirektors nur seinen Höhepunkt, von dem man sich aber keineswegs stark beeindrucken lassen sollte. Man sollte die Sache jetzt auf sich beruhen lassen und mit Bernhard sagen: Ein Dummkopf, der einem Künstler glaubt ...

Arthur Vierbacher, Leiter des Kulturreferats:
Zum Stück selbst will ich nichts mehr sagen, die Diskussion wäre endlos. Die Augsburg-Beschimpfungen sind übel und ich unterschätze sie nicht. Schließlich wurden sie bundes-

weit populär gemacht. Rechtlich zu machen war gegen die Ausstrahlung nichts, außerdem werden wir es überleben. Es könnte ein Ansporn sein, unsere Anstrengungen hinsichtlich der Attraktivität der Stadt zu verdoppeln. Allerdings müßten dann auch die Mittel, die dem Verkehrsverein zur Verfügung stehen, verstärkt werden.

Leo Fischer, Bürgermeister:
Es war eine hervorragende Aufführung. In ein Stück mit nicht sehr großem Inhalt wurde viel künstlerisches Können investiert. Die Sprache erscheint am Anfang sehr betont, entpuppt sich dann aber doch als Gestammel. Was Augsburg angeht, so sind die Beschimpfungen ärgerlich, aber sie können Augsburg nicht ernsthaft treffen. Das Stück vermittelt nicht den Eindruck, daß Augsburg bewußt und gekonnt beleidigt wurde. Der Dichter als Lehrer des Volkes kommt in der Komödie zu kurz, es ist ein Stück ohne Lösung, ohne echte Hilfe.

***

Leserbriefe
aus der »Augsburger Allgemeinen«

Augsburger, wehrt euch gegen die am 30. August im ZDF angesetzte Millionenverbreitung des Thomas-Bernhard-Bühnenstückes »Macht der Gewohnheit«.
Die überwiegende Masse der Fernsehzuschauer in aller Welt und auch in Deutschland kennt Augsburg bestenfalls

flüchtig. Die schlagwortartigen Bezeichnungen aus dem Gassenjargon »Lech-Kloake, muffiges Nest« etc. prägen sich dem meist kritiklosen Publikum schneller und wirksamer ins Gedächtnis ein als sonstige, hoffentlich wertvollere Inhalte dieses Stückes. Millionen von Menschen bleibt Augsburg nach diesem Kunstgenuß ins Bewußtsein geprägt als »muffige Lech-Kloake«.

Mit einer zynischen und unlogischen Gedankenakrobatik wartet der von unserem höflichen Oberbürgermeister angeschriebene Suhrkamp-Verlagsleiter Dr. Siegfried Unseld auf: Er schreibt, der Name Augsburg sei zufällig gewählt, es könnte jede andere Stadt auch gemeint sein. Daß aber Bernhard nur Augsburg und sonst keine andere Stadt beschimpfen wollte, beweist er mit seinem Geistesblitz »Lech-Kloake« eindeutig, weil damit noch ein geographischer Anhaltspunkt mitserviert wurde.

Schließlich überrascht der Verlagsleiter mit einem geistigen Salto mortale: Er meint, der Autor könne gar nicht für die Beschimpfungen verantwortlich gemacht werden, weil er als begnadeter Dichter einem Zwange folgend ein selbständiges Wesen in seinem Stück geschaffen habe, das als Bühnenfigur eigenverantwortlich wirkt und losgelöst vom Dichter als Zirkusdirektor Caribaldi seine Schimpfkanonade losläßt.

Ich meine, daß alle Menschen für ihre persönlichen und beruflichen Leistungen in der Oeffentlichkeit verantwortlich sind und daß sich ein Bühnenstückschreiber an dieser Verantwortlichkeit nicht vorbeidrücken kann.

In Salzburg wird unterdessen munter Abend für Abend Augsburg weiterhin mit einer muffigen Lech-Kloake identifiziert. Soll dies am 30. August im ZDF ins Millionenfache fortgesetzt werden?

Der Stadtführung wird empfohlen, unverzüglich das ZDF aufzufordern, das Stück entweder abzusetzen oder mit Zustimmung des Autors den Namen einer nicht existierenden Stadt einzusetzen (die »Kloake« darf auch nicht mehr am Lech liegen).

Falls fristgemäß dies nicht zugesichert werden sollte, wäre mit einer Unterlassungsklage und vorauslaufenden einstweiligen Verfügungen gegen das ZDF vorzugehen. Auch der Ruf, das Ansehen und die Fremdenverkehrsqualität einer Stadt sind rechtlich schutzwürdig. Die Strafbarkeit einer solchen Kollektivbeleidigung dürfte nach der heutigen Rechtsprechung zu bejahen sein. Die Wahrung berechtigter Interessen können der Autor und seine Nutznießer mit Hinweisen auf den Schutz der dichterischen Freiheit im vorliegenden Fall mit Sicherheit nicht einwenden.

Unbestreitbar löst die millionenfache Verbreitung dieser üblen Beschimpfungen von Augsburg eine echte, schwer berechenbare Abwertung der Stadt als verlockendes Ziel vieler Reiseplaner aus. Damit entpuppt sich dieses Bernhard-Stück auch als Ursache einer echten finanziellen Kreditschädigung im Sinne einer unerlaubten Handlung nach Paragraph 824 BGB. Auch Augsburg ist auf Fremdenverkehr angewiesen.

Mit Humor oder vornehmer Untätigkeit kann auf die schadenstiftende Unverschämtheit dieses Autors und seiner Nutznießer nicht mehr reagiert werden.

Dr. Max Sattelmair
Augsburg, Annastraße 12

***

Offener Brief an Thomas Bernhard, den Verfasser der Komödie »Die Macht der Gewohnheit«

Sie haben sich einfallen lassen, in Ihrem Stück »Die Macht der Gewohnheit« die Stadt Augsburg und ihre Bewohner in lächerlicher Weise darzustellen. Mögen Sie schriftstellerische Freiheit beanspruchen, so darf diese nicht in solcher Weise mißbraucht werden.

Wir stellen die Frage, wie kamen Sie auf Augsburg? Eine österreichische Stadt zu nehmen, wie Linz, Klagenfurt, Graz zum Beispiel, hätte Sie dort Ihren Ruf gekostet, so gingen Sie über die Grenze. Sie griffen sich eine bundesdeutsche Stadt heraus, von der Sie die geringste Gegenwehr erwarteten, keine Regierungs-, sondern eine Industriestadt.

Augsburg, die Stadt mit der liebenswürdigsten Nostalgie! Hunderttausende schauen sich jährlich Augsburgs Sehenswürdigkeiten an. Die von den Fuggern geschaffene Sozialsiedlung, die erste in ihrer Art auf der Welt, das von Elias Holl erbaute Renaissance-Rathaus, die historisch wichtigen Kirchen, Augsburgs berühmte Brunnen mit den herrlichen Bronzefiguren.

Auch über modernste Bauten verfügt Augsburg. Sie könnten stolz sein, in Augsburgs neuer Kongreßhalle Aufnahme für Ihre Arbeiten zu finden.

Groß ist Augsburgs Kunstgeschichte, der Ruf seiner Maler, seiner bedeutenden Gold- und Silberschmiede. Daß Mozart einer Augsburger Familie entstammte, Bert Brecht Sohn eines Augsburger Industriellen war, ist Ihnen bekannt.

Was wissen Sie vom Augsburger Schaffen? Ist Ihnen bekannt, daß die Schöpfungen unserer Industrie zur heutigen modernen Technik maßgeblich beitrugen? Der Dieselmotor, die großen Rotationsmaschinen. Augsburg leistete Pionierarbeit bei der Entwicklung des Düsenflugzeugbaues. Hier ist der Sitz der namhaften Computerhersteller.

Der Ruf unserer Stadt widerlegt die Diffamierungen in Ihrem Stück; er verkehrt sie ins Gegenteil. Wäre nicht zu befürchten, daß diese das Ohr Uneingeweihter finden, könnte Ihr Stück verlacht werden.

Sie stoßen sich auch an den Essensgewohnheiten unserer Bürger, Rettich widerstrebt Ihrem Geruchssinn. Er gehört nun mal zur urbayrischen Brotzeit, und Sie müßten ihn einmal zusammen mit bayrischem Käse und unserem Bier kosten!

Ihre Entscheidung, die wir Ihnen nahelegen, kann nur die Rücknahme Ihres Stückes sein.

Albert Rohrer
Augsburg, Breitwiesenstraße 20

Gestern in Augsburg:
Bernhard besucht AZ
Der umstrittene Autor der »Lech-Kloake«
stellt sich zum Verhör
Von unserem Redaktionsmitglied Dr. Thea Lethmair

Der Oberbürgermeister hatte ihn offiziell eingeladen. Doch die Stadt blieb ohne Antwort. Dutzende von Augsburgern beschimpften ihn massiv und verlangten eine Erklärung. Sie blieben ohne Reaktion. Doch dann war er plötzlich da. Augsburg-Beschimpfer Thomas Bernhard tauchte gestern überraschend in Augsburg auf. Unangemeldet kam er auf

Blitzbesuch in die AZ-Redaktion. Ueber die lokalpatriotische Empörung auf sein Stück »Die Macht der Gewohnheit« staunt er ungläubig und lächelnd.

Mittagsruhe auf der Kulturredaktion. Telefon. Der Pförtner, Eingang Ludwigstraße: »Ein Herr Bernhard möchte Sie sprechen?« Kurzes Nachdenken. Rückfrage: »Heißt er Georg mit Vornamen?« Telefonstimme aus dem Hintergrund: »Es is' schon der richtige.« Antwort: »Er soll heraufkommen.« Erwartet wird von der diensthabenden Redakteurin der Kunstmaler Georg Bernhard. Zur Türe herein kommt der Dichter Thomas Bernhard, Autor des Stückes »Die Macht der Gewohnheit«, Erfinder der inzwischen zum Slogan gewordenen Dauerredewendung »Morgen in Augsburg« und der wildeste Empörung (aber auch Schmunzeln) auslösenden »Lechkloake«.
Es geht ihm, wie es ihm meist geht. Weil er so selten zu sehen ist, wird er nicht gleich erkannt. Zudem ist er äußerlich das Unauffälligste, was sich denken läßt. Keinerlei modische Allüre, keinerlei Dichterpathos. Eine dunkelgraue Hose, ein dunkelgraues Trikothemd, darauf gestickt als einzige Aufhellung ein kleiner goldener Lorbeerkranz. Witzig. Man käme nicht darauf, den Kranz ernst zu nehmen. Dann verrät ihn ein verschmitztes Lächeln, als er meinen Erkennungsschrei »Jösses, Sie sind ja der Thomas Bernhard« mit der Bemerkung quittiert: »Ja, ja, ich bin's schon. Ich will nur schnell hereinschau'n. Sonst nichts.«
Er will keinen Wirbel und er will auch niemand sehen und gibt das sogar schriftlich »als Alibi« bei etwaigen Vorwürfen wegen der Geheimhaltung seines Besuchs. Mit Freunden ist er gerade von seinem Domizil am Traunsee nach Straßburg

unterwegs. Auf der Autobahn nur am »Tatort« vorbeifahren – das wollte er allerdings doch nicht.
Zuerst, so beschließt Bernhard, fährt er zur Zeitung. Beim Pförtner, so enthüllt Bernhard, war seine erste Frage: »Hat die Redakteurin Humor?« Bei unbefriedigender Antwort wäre er nicht gekommen.
Humor ist aber nicht das große Thema, sondern die Augsburg-Beschimpfung. Bernhard ist zum Verhör bereit.
Waren Sie jemals schon in Augsburg, das Sie in Ihrem Stück so übel beleumunden?
Antwort: »Flüchtig anno 1945. Der Bahnhof und Flüchtlingselend, das ist alles, was ich noch weiß.«
Seither nie mehr dagewesen?
»Nie mehr.«
Vielleicht einmal durchgefahren. Wie kommen Sie gerade auf Augsburg in Ihrem Stück?
Antwort: »Ich hätte auch Nürnberg sagen können, aber Augsburg klingt halt besser. Sie wissen doch, wie das beim Schreiben ist. Der Rhythmus, der Tonfall – es muß passen.«
Also ist Augsburg für Sie eine rein phonetische Angelegenheit gewesen?
Antwort: »Ja, so war es.«
Und die »Lechkloake«?
Antwort: »Der gleiche Fall. Es geht doch nicht um die Dinge direkt. Es sind Bezeichnungen für eine Fiktion.«
Die Frage, wie der Entrüstungssturm, der dieser »Bezeichnung« wegen getobt habe, nun von ihm aufgenommen worden sei, beantwortet Bernhard mit Staunen:
»So? War das? Ich habe nicht viel davon gemerkt.«
Thomas Bernhard ist nicht aus der Ruhe zu bringen. Er bleibt mild, er lächelt, er lacht, er läßt sich geduldig fotogra-

fieren. Weder läßt er den rabenschwarzen Pessimisten, der aus seinen Stücken spricht, erkennen noch zeigt er Ansätze eines verbissenen Zynikers oder Querulanten. Am ehesten möchte man ihm noch den »Ignoranten« glauben, der im Titel eines seiner Stücke vorkommt. Aber den »Wahnsinnigen«, der dort auch vorkommt, schon gar nicht. Am Ende ist er halt doch – »nur« – »fast« – ein Poet mit eigener Seinslage? »Es war doch nur ein Spaß«, sagt er, »das mit Augsburg.«
Als er wieder fort ist, bleibt das Gefühl, daß er die Umkehrung seiner Maxime im Stück demonstriert hat. In Sachen Augsburg ist für ihn eine »Komödie«, was als »Tragödie« von manchen empfunden wurde. Bernhard denkt an Augsburg vorbei schon an sein nächstes Stück. Es heißt »Der Präsident« und handelt nicht von Augsburg.

»Augsburger Allgemeine«, 7. September 1974

Fred Hepp
Morgen in Augsburg

Es kann, dachte ich, nicht anders sein: Irgendein Augsburger muß ihm einmal ganz fürchterlich auf den Schlips getreten sein, dem österreichischen Schriftsteller Thomas Bernhard. Denn in seinem letzten Stück, der absurden Komödie »Die Macht der Gewohnheit«, taucht der Name meiner Vaterstadt auf, in der absonderlichsten Weise, die einen gebürtigen Augsburger wie mich nicht gleichgültig lassen kann.
In dem Stück des Österreichers üben einige musikalisch unbegabte Artisten mit schöner Vergeblichkeit das »Forel-

lenquintett«, wobei ihnen der von Casals träumende Zirkusdirektor Caribaldi wie in einem Ritual ohne Unterlaß den Droh-Termin »Morgen in Augsburg!« entgegenschleudert. Insgesamt fast fünfzigmal. Das kann man natürlich machen, denn Augsburg ist mindestens seit Leopold Mozart eine musikliebende Stadt, die Schubert sicher auch gern mal von Zirkusleuten hören möchte.

Nun ist der Haken leider der, daß Autor Bernhard es nicht bei dem zwanglosen, wenngleich diktatorischen Hinweis beläßt. Damit die Ortsangabe nicht neutral und farblos bleibe, hat er eigenwillig und gar nicht nach Art des »Merian« etliche schmückende Beiwörter eingestreut, denen zu entnehmen ist, daß es sich bei Augsburg per saldo um »ein muffiges, verabscheuungswürdiges Nest in einer Lech-Kloake« handle. Eine so klare Aussage kann eigentlich nur von einem schwer Milieugeschädigten stammen, dem die verhaßte Stätte seiner Geburt zum traurigen Schicksal geworden ist: Von einem Trinker gezeugt, einer Dirne ausgetragen, in Heimen und Hilfsschulen herumgestoßen, führt den Jungen der Weg unmittelbar in den »Katzenstadel«, wo er Tüten klebt und das nächste Ding gegen die selbstzufriedenen Geldsack-Nachträger der Fugger aushekt.

Der Österreicher Bernhard kann von alledem urkundlich nichts vorweisen; sein Name wird weder unter den kaum erziehbaren Kindern des Stadtjugendamtes noch in den Prozeßakten geführt. Also Trauma? Urschrei? Psychologenkram?

Bernhard schweigt dazu mit der nervenzerrenden Beharrlichkeit eines tief Verstockten. Da in mir, der ich seit 25 Jahren in der vergleichsweise jungen Ansiedlung München lebe, letztlich doch das Herz des gebürtigen Augsburgers schlägt, gilt mein erster Gedanke selbstverständlich der Verwaltungsspitze dieser Stadt: Unternimmt mein Heimat-Oberbürgermeister Schritte oder rührt er keinen Fuß? OB Hans Breuer, der Schalk, wandelt einfach die Echternacher Springprozession ab – er tut einen Schritt nach vorn und einen zurück. Einerseits lädt er den Augsburg-Besudler drei Tage zu einem Besuch der »schmucken und munteren Großstadt« ein, andererseits läßt er das Rechtsamt prüfen, was gegen neue Aufführungen des Stückes zu machen sei, um »weitere Diffamierungen der Stadt Augsburg und ihrer Bürger zu verhindern«. Da List und Brecht am Lech auch synonym sind, versäumt Breuer den Hinweis nicht, daß selbst Bert Brecht niemals von Augsburg als einer Lech-Kloake gesprochen habe, »und Brecht war kritisch und hat Augsburg gekannt«.

Inzwischen hat es in der Augsburger Presse bitterböse Leserbriefe von zutiefst getroffenen und höchst empörten Lokalpatrioten gehagelt. Ein ortsansässiger Landtagsabgeordneter ruft den bayrischen Ministerpräsidenten Goppel um Hilfe an und bleibt unerhört. Bei dieser Aufschrei-Serie (souverän-gelassene Bürger gibt es natürlich auch) male ich mir aus, was wohl passiert wäre, wenn der unselige Bernhard als Geburtsort auch noch München anzugeben hätte. Wahrscheinlich müßte er jetzt auf einem anderen Kontinent leben, um vor den Nachstellungen Augsburger Ehren-Mafiosi einigermaßen sicher zu sein.

Nachdem der Österreicher nun schon sein rätselhaftes Ding gegen A. losgelassen hat, nehme ich an mir wahr, daß ich so ganz nebenbei meine Beziehungen zu A. überprüfe. Was mich als Geburtsaugsburger und Wahlmünchner eigentlich immer schon gestört hat, ist das gestörte Verhältnis vieler Augsburger zu München. Geschichtspsychologisch ist es ja gut verständlich. Um hier ein denkbar gewagtes Bild zu riskieren: Eine alte Dame – die Freie Reichsstadt, die im 16. Jahrhundert nicht nur bessere, sondern die besten Tage gesehen hat – muß sich von einem Fratz, der sich zum Wasserkopf auswächst, in den Schatten stellen lassen.

Direkt angenehm ist das nicht, aber was sollen die Beschwörungen der großen Vergangenheit des *Goldenen Augsburg*, was sollen alle untauglichen Vergleiche, die dann jene Mischgefühle aus Stolz, Trotz, leisem Neid und heimlichem München-Faible produzieren! Da fehlt es nicht selten an Selbstbewußtsein, an richtiger und ruhiger Einschätzung der Eigenheit. Und wenn ich mich nicht täusche, ist die Kehrseite der positiven, wach-kritischen Augsburger Mentalität – eine gewisse nörgelnde Unzufriedenheit – vielleicht auch ein wenig auf das gestörte Verhältnis zu München zurückzuführen. Mangel an Selbstwertgefühl zeigen zum Beispiel jene Augsburger, die sich nicht genug über den dummen Spruch erregen können »Das Schönste an Augsburg ist der Schnellzug nach München« – und dann die Autobahn benützen, um in der Brienner Straße Shopping zu gehen.

Nach den gesellschaftlichen und kulturellen Stippvisiten in der bayrischen Landeshauptstadt schimpft es sich noch mal so gut über München. Schließlich ist man ein »bewußter« Augsburger und möchte in dem zersiedelten Millionendorf niemals leben. Es fehlt da doch eine wohltuende Überschaubarkeit – die man dann andererseits auch wieder etwas satt hat, wenn man bei Premieren, auf der Party und der Vernissage immer wieder die gleichen Leute trifft. Überhaupt der Mangel an »interessanten« Menschen: Ist das nicht vielleicht doch ein Kriterium für Provinzialität? So geraten Münchner Eierköpfe und Spaßvögel nicht ungern auf Augsburger Einladungen, wo man ihnen, wenn sie wieder weg sind, mit Vorliebe die »typische Münchner Arroganz« bescheinigt.

Diese zerrissenen »Nestroy«-Augsburger, die beispielsweise heute auf den armen B. B. stolz sind, den sie vor zwanzig Jahren als Erzkommunisten am liebsten totschwiegen, mag ich eigentlich nicht so besonders. Nun könnte man mir entgegenhalten: Was will denn dieser Renegat/Diplomat/Apostat, dieser Wanderer zwischen beiden Stadtwelten – soll er doch in seinem München bleiben oder sich für Augsburg entschließen! Aber so einfach ist das nicht; er will natürlich beides.

Ich möchte nämlich meine Heimatstadt nicht missen. Als altes Augusta-Kind streife ich gewiß nicht mit dem Baedeker-Blick durch die Straßen, denn die tausendmal abphotographierten Schönheiten stehen wie Postkartenständer der Erinnerung eher im Weg. So denke ich am Herkulesbrunnen zum Beispiel vielmehr daran, daß mir, auf den Stufen sitzend, Erhart Kästner sein Konzept zum »Zeltbuch von Tumilad« erzählt hat, und vor dem Holl-Rathaus erschauere ich weniger vor dieser Renaissance-Wucht, sondern erinnere mich daran, wie gespannt ich beim alljährlichen »Turamichele« (29. September) war, ob der mechanisch zustoßende Erzengel den zungenbleckenden Teufel wirklich voll traf. Auch heute noch zählen Tausende von Kindern rund um den Perlachturm bei jedem Stundenschlag die Stöße mit.

Unten am Stadtgraben mit seinen Schwänen und dem gar nicht »heilig nüchternen«, sondern trägen Wasser, auf das jetzt die gelben Kastanienblätter heruntertorkeln, lag mei-

ne Volksschule, einen Steinwurf vom Wohnhaus Brechts entfernt. Auch dort streife ich manchmal vorbei und denke an den milden, anämisch blassen Lehrer März, der linkisch die Geige spielte und uns das furchtbar traurige Lied »Innsbruck, ich muß dich lassen ...« beizubringen versuchte. »All Freud ist mir genommen, die ich nit weiß bekommen, wo ich im Elend bin.« Er erklärte uns stupiden Viertklässlern, daß das Wort Elend von *eliandu = außer Landes sein* herkommt, und der Lehrer März kannte den Brecht, aber wir wußten natürlich nicht, daß dieser Augsburger ein paar Tage zuvor das Land fluchtartig hatte verlassen müssen. Genau elf Jahre danach, als Augsburg im Phosphor verbrannt war, schrieb er in der amerikanischen Emigration das Gedicht »Die Vaterstadt, wie find ich sie doch?«.
Dreißig Jahre wiederum danach finde ich bei offenen Augen und witternder Nase kein »verabscheuungswürdiges Nest in einer Lech-Kloake«. Beinahe hätten wir jetzt den Bernhard schon ganz vergessen mit seiner mysteriösen Augsburg-Beschimpfung. Müssen wir also weiterhin mit dieser scheußlichen Ungewißheit leben, werden wir nie erfahren, was dieses Augsburg an dem österreichischen Dichter verbrochen haben mag?
Wenn einer das Rätsel lösen könnte, dann nur der Autor selber. Und er hat es jetzt auch völlig überraschend getan. Vor kurzem, an einem »Tag im blauen Mond September«, reiste Thomas Bernhard vom Traunsee nach Straßburg, sah auf der Autobahn von den Lechhöhen aus die Stadt seines Mißvergnügens liegen und entschloß sich zu einem spontanen Besuch – in der Kulturredaktion der »Augsburger Allgemeinen«. Die verblüffte Redakteurin Dr. Thea Lethmair, die gerade einen Maler namens Bernhard erwartet hatte,

stand plötzlich vor dem Dichter, dem nicht nur die literarische, sondern auch die »denunziatorische« Sensation des Sommers 1974 zu verdanken war. Scheinbar arglos und überwiegend heiter stellte er sich dem Verhör, das wir doch im Wortlaut wiedergeben möchten:
»Herr Bernhard, waren Sie jemals schon in Augsburg, das Sie in Ihrem Stück so übel beleumunden?«
»Flüchtig anno 1945. Der Bahnhof und Flüchtlingselend, das ist alles, was ich noch weiß.«
»Seither nie mehr dagewesen?«
»Nie mehr.«
»Vielleicht einmal durchgefahren? Wie kommen Sie gerade auf Augsburg in Ihrem Stück?«
»Ich hätte auch Nürnberg sagen können, aber Augsburg klingt halt besser. Sie wissen doch, wie das beim Schreiben ist. Der Rhythmus, der Tonfall – es muß passen.«
»Also ist Augsburg für Sie eine rein phonetische Angelegenheit gewesen?«
»Ja, so war es.«
»Und die ›Lech-Kloake‹?«
»Der gleiche Fall. Es geht doch nicht um die Dinge direkt. Es sind Bezeichnungen für eine Fiktion.«
So weit das »Verhör« des Delinquenten. Einen Jux wollt' er sich machen, der Bernhard, und jene verbal gepeinigten Augsburger finden sich in der Lage zappelnder Patienten, die der Zahnarzt mit dem so wahren wie unverfrorenen Hinweis beruhigt: »Es wird sofort besser, wenn der Schmerz nachläßt.«   *»Die Zeit«, 18. Oktober 1974*

Autor Bernhard meinte Salzburg

Augsburgs Name mußte nur herhalten, weil er so ähnlich klingt wie Salzburg – dieser Ansicht ist der Präsident der Salzburger Festspiele, Dr. Josef Kauth [sic!]. In einem Antwortschreiben an Stadtrat Richard Maier bittet der Festspielpräsident, man solle doch »nicht mit Kanonen auf Spatzen schießen«. Kauth meint damit die Aufregung um den Autor Thomas Bernhard, der in seinem Stück »Die Macht der Gewohnheit« die Fuggerstadt als »Lechkloake« und »muffiges Nest« deklariert hatte. Höchstwahrscheinlich, so schreibt Dr. Kauth, habe Autor Bernhard die Stadt Salzburg gemeint, sei dann aber – da die Uraufführung des Stückes eben in Salzburg stattfand – auf einen ähnlichen anderen Namen ausgewichen, wobei die Wahl Augsburgs gewiß nicht »aus böser Absicht« geschehen sei. Im übrigen hofft Dr. Kauth [sic!], »daß durch diese Angelegenheit die Städtefreundschaft zwischen Augsburg und Salzburg nicht getrübt wird«. *dkw, »Augsburger Allgemeine«, 25. Oktober 1974*

***

Behauptung

Ein Mann aus Augsburg ist allein deshalb in die Augsburger Irrenanstalt eingeliefert worden, weil er sein ganzes Leben bei jeder Gelegenheit behauptet hatte, Goethe habe als Letztes *mehr nicht!* und nicht *mehr Licht!* gesagt, was allen mit ihm in Berührung gekommenen Leuten mit der Zeit und auf die Dauer derartig auf die Nerven gegangen sei, daß sie sich zusammengetan hatten, um die Einweisung dieses auf so unglückliche Weise von seiner Behauptung besessenen Augsburgers in die Irrenanstalt zu erwirken. Sechs Ärzte hätten sich geweigert, den Unglücklichen in die Irrenanstalt einzuweisen, der siebente habe eine solche Einweisung sofort veranlaßt. Dieser Arzt ist, wie ich aus der *Frankfurter Allgemeinen Zeitung* erfahren habe, dafür mit der Goetheplakette der Stadt Frankfurt ausgezeichnet worden.

Bad Gastein

HERRENSTEIN
    Sie lesen mir immer zu l a u t vor Richard
    L a u t e r sage ich immer
    das heißt aber n i c h t l a u t
    In Badgastein haben Sie mir auch zu laut vorgelesen
    Dieses fürchterliche Klima ist ja tödlich
    Aber Sie haben mir ja abgeraten
    Auch Doktor Friedländer hat mir abgeraten
    Für Sie ist Badgastein t ö d l i c h haben Sie gesagt
    wörtlich haben Sie gesagt t ö d l i c h
    aber gerade davon war ich ja fasziniert
    daß Sie gesagt haben t ö d l i c h
    der Doktor Friedländer hat mir ja auch abgeraten
    aber gerade weil Sie und Doktor Friedländer
    mir abgeraten haben
    war ich von dem Gedanken besessen hinzufahren
    es wäre beinahe mein Tod gewesen
    Leute mit Herzfehlern holen sich in Badgastein den Tod
    aber auch in Bad Hall
    das noch schlimmer ist für Meinesgleichen

Bad Ischl

HERRENSTEIN
 Bei einem Bad Ischler Arzt
 die Bad Ischler Ärzte gelten doch
 als die schlechtesten Ärzte überhaupt
 die bringen doch jeden wegen einer Kleinigkeit um
 wie alt ist denn Ihre Tante
 [...]
 Bad Ischl ist doch widerwärtig
 die Leute sitzen in ihren Häusern und frieren
 und gehen wenn sie überhaupt aus ihren Häusern
                             herausgehen
 in die Konditorei Zauner
 heute eine der geschmacklosesten Konditoreien
                             überhaupt
 je größer eine Geschmacklosigkeit im Salzkammergut ist
 desto beliebter ist sie
 Das Salzkammergutpublikum ist das geschmackloseste
                             überhaupt

Berlin

Akademie der Künste
1 Berlin 21
Hanseatenweg 10

Pressenotiz

Die Abteilung Literatur der Akademie der Künste veranstaltet in Zusammenarbeit mit dem Senator für Wissenschaft und Kunst an drei Sonntagen im November Lesungen mit sechs jüngeren Autoren und sechs Kritikern. Die Autoren wurden von der Abteilung aufgrund ihrer jüngsten Publikationen ausgewählt; bei der Wahl der Kritiker hatten die Autoren ein Mitspracherecht.

AUTOREN DISKUTIEREN MIT IHREN KRITIKERN

	Position des Autors	Position des Kritikers
3. 11. 68	Hubert Fichte	Urs Jenny
	Oswald Wiener	K. H. Kramberg
10. 11. 68	Jürgen Becker	Heinrich Vormweg
	Barbara Frischmuth	Wolfgang Werth
17. 11. 68	Thomas Bernhard	Rudolf Hartung
	Rolf Dieter Brinkmann	Marcel Reich-Ranicki

Die Gesprächsleitung hat Peter Härtling, Direktor der Abteilung Literatur

Angestrebt wird eine Variante zwischen Autoren-Lesung und Kritiker-Colloquium. Die Kritiker sollen nicht gezwungen sein, ad hoc ihre Meinung zu formulieren, und die Autoren sollen die Möglichkeit der Replik haben. Die Kritik muß sich nicht ausschließlich auf den gelesenen Text beziehen; er kann auch Anlaß sein, über die Entwicklung der neueren Literatur und über die Maßstäbe der Kritik zu sprechen.
Der Kritiker kennt also den Text des Autors vorher, so wie dieser den Text des Kritikers kennt.
Nach der Lesung kann die Auseinandersetzung unter Leitung von Peter Härtling in der Diskussion weitergeführt werden.

Da wurden die Zuschauer endgültig rebellisch
Fiasko beim letzten Akademie-Abend

[...] Die beiden Autoren des letzten Abends und zugleich die besten der ganzen Veranstaltung, Thomas Bernhard und Rolf Dieter Brinkmann, wurden bockbeinig. Thomas Bernhard reagierte hohnvoll auf einige Sätze aus dem Text, mit dem ihn der ihm beigesellte Kritiker Rudolf Hartung umhätschelt hatte. Rolf Dieter Brinkmann gar tat so, als sei für ihn der herbeizitierte Kritiker Marcel Reich-Ranicki weder zuständig noch überhaupt vorhanden.
[...]
Ein großer Teil des Akademie-Publikums war jedenfalls nicht mehr gewillt, Deutungsversuche unkritisch hinzunehmen. Daß es aber auch nicht vorbehaltlos auf seiten der Autoren stand, bewies es in seiner Reaktion auf Äußerun-

gen von Rolf Dieter Brinkmann. Als dieser sich seiner Verbitterung mit dem rhetorischen Griff nach der Maschinenpistole Luft machte, tat das Parkett seiner Empörung mit dem Ruf »Faschist!« kund.

M. C. K., »Berliner Morgenpost«, 19. November 1968

Schriftsteller gehen zu weit
Nachruf auf eine Berliner Diskussionsrunde

Am Schluß gab's Krache. Zwei müde Diskussionsabende explodierten am dritten. Autoren wollten mit Kritikern, Kritiker mit den Autoren [...] nichts mehr zu tun haben.
[...] Einer schließlich, der achtundzwanzigjährige Kölner Lyriker und Erzähler Rolf Dieter Brinkmann, wollte mit der bestehenden Welt und dem Publikum nichts mehr zu tun haben, zog jedoch nicht die Konsequenz, sich einer Öffentlichkeit zu entziehen, die ihn anwiderte, sondern sorgte für eine Eskalation des zähen Stellungskrieges zwischen Autoren und Kritikern, zwischen Literaten und ihrem Publikum in Deutschland. Brinkmann wedelte nach zwei unerquicklichen Stunden die kritischen Einwände seiner Diskussionspartner vom Tisch, fauchte etwas davon, daß es »hier nicht mehr um Differenzierungen« gehe, glotzte in den Saal und schrie: »Ich müßte ein Maschinengewehr haben und Sie alle über den Haufen schießen!«
Der Diskussionsleiter [Hans Dieter Zimmermann] wollte den unersprießlichen Abend rasch beenden. Das verbat sich der zweite Kritiker, Marcel Reich-Ranicki, der ein nötiges Schlußwort sprach, als er dran erinnerte, daß er schon

einmal aus Berlin, wo er aufgewachsen sei, von Leuten vertrieben worden ist, die ihn gern mit einem »Maschinengewehr über den Haufen« geschossen hätten.
[...]
Außer dem fehlenden Diskussionsleiter Härtling demonstrierten auch die Autoren Brinkmann und Bernhard eine merkwürdige Verachtung der in Deutschland beschämend kleinen Zahl literarisch interessierter Menschen. Schnoddrig, fast unverständlich, mit sichtlichem Widerwillen las Bernhard aus seinem jüngsten Prosabändchen »Ungenach«. Den Bitten, am runden Tisch Platz zu nehmen, der mit funktionierenden Mikrophonen reichlich bestückt war, leistete der österreichische Autor Widerstand mit der Bemerkung, er setze sich nicht mit Marcel Reich-Ranicki an einen Tisch. Wenn er gewußt hätte, daß Reich-Ranicki auch da sei, wäre er gar nicht gekommen. Wieso wußten alle Zuhörer, seit Monaten schon, daß Reich-Ranicki und Bernhard am selben Abend auftreten würden? Bernhard ließ auch den von ihm benannten Kritiker Rudolf Hartung nicht zu Wort kommen, sondern versuchte, das Publikum gegen Hartung einzunehmen. Er zitierte aus dem nur ihm bekannten Manuskript Hartungs zwei Sätze, um an ihnen das »Geschwafel, ohne Grammatik, ohne Sinn« zu demonstrieren, das von diesem Kritiker zu erwarten sei. Den Zwischenruf, er habe Hartung doch vorgeschlagen, beantwortete Thomas Bernhard, der jetzt im Saal saß, mit der Bemerkung, das stimme nicht, wurde jedoch vom Diskussionsleiter der Unwahrheit überführt.
Jetzt schaltete sich Brinkmann ein. [...] Den drängenden Fragen seiner Diskussionspartner, doch konkret zu werden, entzog er [Brinkmann] sich mit dem Hinweis auf die Ver-

hältnisse angelsächsischer Kritik. Als sich Hartung dann das Recht nahm, die Tiraden Brinkmanns, der nicht zimperlich war in der Abwertung aller kritischen Argumente als frech oder dumm, als »pauschalen Unsinn« zu bezeichnen, ließ Brinkmann die Veranstaltung mit seinem Ruf nach einem Maschinengewehr platzen.

Rolf Michaelis, »Frankfurter Allgemeine Zeitung«, 19. November 1968

Bochum

Empfindung

Ein anderer Theaterschriftsteller hatte vor Gericht, vor welches ihn ein beleidigter Zuschauer zitiert hatte, weil er sich von ihm auf der Bühne des Bochumer Schauspielhauses, das der Theaterschriftsteller auch vor Gericht immer nur als Bochumer Narrenhaus bezeichnet hatte, in welchem in Wahrheit von einem Irrenhausdirektor, der sich nur als Schauspieldirektor ausgebe, keine Schauspieler, sondern Narren gehalten und das ganze Jahr über einem ratlosen Publikum vorgeführt werden, verunglimpft gefühlt hatte, ausgesagt, daß er nur deshalb immer so großen Erfolg habe, weil er im Gegensatz zu seinen erfolglosen Kollegen ehrlich genug sei, seine Komödien immer als Tragödien, seine Tragödien aber immer als Komödien auszugeben. Als er einmal eine Tragödie tatsächlich als eine Tragödie ausgegeben habe, hätte er sich einen ungeheuren Mißerfolg eingehandelt. Seither halte er wieder an seinem Prinzip fest, eine Komödie als Tragödie und eine Tragödie als eine Komödie auszugeben und der Erfolg sei ihm jedesmal sicher. Weil er inzwischen so berühmt geworden war, daß er sich beinahe alles leisten konnte, hatte ihn das Gericht, vor das ihn der beleidigte Zuschauer zitiert gehabt hatte, weil er diesen Zuschauer als genauso stumpfsinnig bezeichnet hatte wie alle anderen in die Millionen gehenden Zuschauer auf der ganzen Welt, freigesprochen. Der Gerichtsvorsitzende habe ihn deshalb freigesprochen, behauptete der Theaterschriftsteller nach der Verhandlung, weil er, der Gerichtsvorsitzende, das Theater und alles, das mit dem Theater zusammenhängt, wie nichts auf der Welt hasse, was er, der Theaterschriftsteller, gut verstehen könne, denn es sei seine eigene Empfindung.

PEYMANN *zu Christiane Schneider, seiner Sekretärin, die seine Koffer packt*
Bochum soll mich
am Arsch lecken
Wenn wir hier weg sind
können wir aufatmen
[...]
Wenn wir die Ruhr
gegen die Donau tauschen
tauschen wir ja nur eine Kloake
gegen eine andere
SCHNEIDER
Die Donau stinkt ja noch abscheulicher
habe ich gehört
als die Ruhr

Bremen

Ich reiste also nach Bremen, das ich nicht kannte. Hamburg kannte ich und liebte ich immer wie auch heute. Bremen verabscheute ich vom ersten Moment an, es ist eine kleinbürgerliche unzumutbar sterile Stadt. Gleich gegenüber dem Bahnhof war in einem neuerbauten Hotel für mich ein Zimmer bestellt, ich weiß nicht mehr, wie das Hotel geheißen hat. Ich verkroch mich in mein Hotelzimmer, um die Stadt Bremen nicht sehen zu müssen und wartete den Morgen der Preisverleihung ab. Diese Preisverleihung sollte im alten Bremer Rathaus stattfinden und sie fand auch dort statt. Mein größtes Problem war, daß man mir aufgetragen hatte, eine Rede zu halten vor der Versammlung und ich war schon in Bremen und hatte noch immer nicht einmal eine Idee für eine solche Rede, von welcher ich ja schon wochenlang gewußt habe und auch noch in der Nacht fiel mir die Idee für eine solche Rede nicht zu und ich hatte sie auch noch am Morgen nicht. Nun eilte es aber. Während des Frühstücks fiel mir ein, daß es ja in bezug auf Bremen die Bremer Stadtmusikanten gibt und ich machte mir im Kopf ein Konzept, in dessen Mittelpunkt die Bremer Stadtmusikanten standen. Ich trank meinen Tee aus und lief auf mein Zimmer und setzte mich aufs Bett und machte eine Skizze. Ich machte eine zweite Skizze und eine dritte. Dann mußte ich einsehen, daß meine Idee eine schlechte Idee gewesen ist und ich mußte auf eine andere kommen. Aber die Zeit eilte. Inzwischen war schon nach mir telefoniert worden und es war auch gefragt worden, wie lang meine Rede sei.

Sie ist nicht lang, sagte ich am Telefon, gar nicht lang, das sagte ich, obwohl ich noch nicht einmal die Idee für eine solche Rede gefunden hatte. Eine halbe Stunde vor Beginn der Feierlichkeit im Rathaus setzte ich mich auf mein Bett und schrieb den Satz »Mit der Kälte nimmt die Klarheit zu«, ich dachte, jetzt habe ich einen akzeptablen Einfall für meine Rede vor der Versammlung. Schnell entwickelten sich mit diesem Satz als Zentrum, ein paar weitere Sätze und innerhalb von zehn oder zwölf Minuten hatte ich immerhin eine halbe Papierseite vollgeschrieben. Als man mich abholte vom Hotel und zum Rathaus führte, hatte ich meine Rede gerade fertig gehabt. Mit der Kälte nimmt die Klarheit zu, dachte ich, während ein paar Herren mich zum Rathaus geleiteten, ich hatte das Gefühl, sie führten mich ab, zu einer Gerichtsverhandlung. Sie hatten ihren Häftling in die Mitte genommen und waren mit ihm vom Hotel in die Stadt hineingegangen ins Rathaus. Das Rathaus war schon voll besetzt, es war vor allem mit Schulklassen angefüllt. Auch dieses Bremer Rathaus ist ein berühmtes Rathaus, aber auch dieses Rathaus bedrückte mich so wie alle anderen berühmten Rathäuser mich immer bedrückt haben. Auch hier funkelten die Orden und glitzerten die Bürgermeisterketten. Da wurde ich feierlich in die erste Reihe geleitet und hatte neben dem Bürgermeister Platz zu nehmen. Ein Mann betrat das Podium und sprach über mich. Er war aus Frankfurt angereist gekommen, um eine halbe Stunde über mein Prosabuch zu reden. Er sprach sehr eindringlich und es war lauter Lob, wie ich mich erinnere, aber ich verstand nichts von allem.

Bruck an der Leitha

Und *Bruck an der Leitha ist auch so ein häßlicher Ort wie die meisten burgenländischen Orte.* Wer kann, geht aus dem Burgenland weg, sagt Irrsigler, aber die meisten können nicht, sie sind zu lebenslänglichem Burgenland verurteilt, was wenigstens so fürchterlich ist, wie zu lebenslänglicher Kerkerhaft in Stein an der Donau. Die Burgenländer sind Sträflinge, sagt Irrsigler, ihr Heimatland ist eine Strafanstalt. Sie selbst reden sich ein, sie hätten eine recht schöne Heimat, aber in Wirklichkeit ist das Burgenland fad und häßlich. Im Winter ersticken die Burgenländer im Schnee und im Sommer werden sie von den Gelsen [Stechmücken] aufgefressen. Und im Frühling und im Herbst waten die Burgenländer nur in ihrem eigenen Schmutz. In ganz Europa gibt es kein ärmeres und kein schmutzigeres Land, so Irrsigler. Die Wiener reden den Burgenländern immer ein, daß das Burgenland ein schönes Land sei, denn die Wiener sind in den burgenländischen Schmutz und in den burgenländischen Stumpfsinn, weil sie diesen burgenländischen Schmutz und diesen burgenländischen Stumpfsinn *als romantisch* empfinden, weil sie auf ihre wienerische Weise pervers sind, verliebt. Das Burgenland hat ja auch *außer dem Herrn Haydn, wie Herr Reger sagt*, nichts hervorgebracht, so Irrsigler. Ich komme aus dem Burgenland, heißt ja doch nichts anderes, als ich komme aus der Strafanstalt Österreichs. Oder aus dem Irrenhaus Österreichs, so Irrsigler. *Die Burgenländer gehen nach Wien wie in die Kirche*, sagte er.

Brügge

Falsch gesungen

In der belgischen Stadt Brügge soll vor zweihundert Jahren ein neunjähriger Chorknabe enthauptet worden sein, der in einer vor dem ganzen königlichen Hofe in der Kathedrale von Brügge aufgeführten Messe einen Ton falsch gesungen hat. Durch den von dem Chorknaben falsch gesungenen Ton war nämlich die Königin in Ohnmacht gefallen und bis zu ihrem Tode nicht mehr aus dieser Ohnmacht aufgewacht. Der König soll ein Gelübde abgegeben haben, daß er, wenn die Königin nicht mehr zu sich komme, nicht nur diesen einen schuldigen Brügger Chorknaben, sondern auch alle übrigen Brügger Chorknaben und den Organisten der Kathedrale enthaupten lassen wird, was er auch getan hat, nachdem die Königin aus ihrer Ohnmacht nicht mehr aufgewacht und gestorben ist. Jahrhundertelang waren in Brügge keine musikalischen Messen mehr zu hören gewesen.

Bukarest

Entscheidung

Nach vorsichtigen Schätzungen sind bei dem letzten Erdbeben, das Bukarest heimgesucht hat, zweieinhalbtausend Menschen ums Leben gekommen, die genauen Berechnungen haben aber ergeben, daß an die viertausend Menschen unter den Trümmern getötet worden sind. Diese Zahl wäre um mindestens fünfhundert geringer, wenn die Stadt gegen die ausdrückliche Anordnung des dafür zuständigen Beamten der Bukarester Verwaltung, die Trümmer jenes vollkommen zerstörten Hotels einzuebnen und nicht wegzuräumen, gehandelt und die Trümmer weggeräumt hätte. Noch eine Woche nach dem Erdbeben haben Leute aus den Trümmern das Schreien Hunderter Verschütteter gehört. Der Beamte der Stadtverwaltung hat aber das Gebiet um das Hotel abriegeln lassen solange, bis ihm berichtet worden war, daß sich unter den Trümmern überhaupt nichts mehr rührte und aus den Trümmern auch kein Laut mehr zu hören sei. Erst zweieinhalb Wochen nach dem Erdbeben ist es den Bukarestern wieder gestattet gewesen, den Trümmerhaufen zu besichtigen, welcher in der dritten Woche vollkommen eingeebnet worden ist. Der Beamte soll aus Kostengründen auf die Rettung von ungefähr fünfhundert verschütteten Gästen des zerstörten Hotels verzichtet haben. Die Rettung hätte etwa tausendmal mehr gekostet, als die Einebnung, wenn noch nicht einmal die Tatsache in Betracht gezogen worden ist, daß aus den Trümmern wahrscheinlich Hunderte Schwerverletzte zutage gefördert worden wären, die der Staat dann lebenslänglich hätte erhalten müssen. Der Beamte hatte sich naturgemäß der Zustimmung der rumänischen Regierung versichert, wie gesagt wird. Seine Beförderung auf einen höheren Regierungsposten stehe unmittelbar bevor.

Chur

7. 4.
fortwährend frierend, denn die Stadt Chur ist eine der kältesten, die es gibt, die finsterste, die ich kenne, und die Graubündner sind tief- oder schwach- oder einfach widersinnig vor Finsternis und vor Kälte, und in Chur, aber insbesondere im Haus meines Onkels Zumbusch, müssen die Leute auch im Sommer, wenn es so wie jetzt ununterbrochen regnet, heizen; ich bin aber in ein Zimmer gekommen, in dem kein Ofen steht und also gar nicht geheizt werden kann; trotzdem ist der Aufenthalt nützlich.

[...] die Schweiz ist das charakterloseste Land Europas, sagte er, ich habe in der Schweiz immer das Gefühl gehabt, ich bin in einem Bordell, sagte er. Alles verhurt, ob in den Städten oder auf dem Land, sagte er. Sankt Moritz, Saas Fee, Gstaad, alles offene Häuser, ganz zu schweigen von Zürich, Basel, Weltbordelle, sagte Wertheimer mehrere Male, Weltbordelle, nichts als Weltbordelle. Diese finstere Stadt Chur, in welcher auch heute noch der Erzbischof Gutenmorgen und Gutenacht sagt! rief er aus.
[...]
Chur kannte ich von mehrmaligen Aufenthalten mit den Eltern, wenn wir nämlich nach Sankt Moritz zu reisen vorhatten und in Chur übernachteten, in dem immer gleichen Hotel, in welchem es nach Pfefferminztee gestunken hat

und wo man meinen Vater kannte und ihm zwanzig Prozent Rabatt gewährte, weil er dem Hotel *über vierzig Jahre treu geblieben* war. Es war ein sogenanntes gutes Hotel in der Mitte der Stadt, ich weiß nicht mehr, wie es geheißen hat, kann aber sein *Zur Sonne*, wenn ich mich nicht doch täusche, obwohl es an der finstersten Stelle der Stadt lag. In den Churer Weinstuben schenkten sie den schlechtesten Wein aus und trugen die geschmacklosesten Würste auf. Mein Vater nachtmahlte mit uns immer im Hotel, bestellte eine sogenannte Kleinigkeit und nannte Chur *eine angenehme Zwischenstation*, was ich nie verstand, denn ich hatte Chur immer als besonders unangenehm empfunden. Genau wie die Salzburger, waren mir die Churer noch verhaßter in ihrem Hochgebirgsstumpfsinn. Ich hatte es immer als Bestrafung empfunden, mit den Eltern, manchmal auch nur mit dem Vater allein, nach Sankt Moritz fahren zu müssen, in Chur Station zu machen, in diesem trostlosen Hotel absteigen zu müssen, dessen Fenster auf eine enge, bis zum zweiten Stock herauf feuchte Gasse hinausgingen. In Chur hatte ich niemals geschlafen, dachte ich, war ich immer nur voller Verzweiflung wachgelegen. Chur ist tatsächlich der trübsinnigste Ort, den ich jemals gesehen habe, nicht einmal Salzburg ist so trübsinnig und letztenendes krankmachend wie Chur. Und die Churer sind dementsprechend. In Chur kann ein Mensch, auch wenn er nur eine einzige Nacht bleibt, für sein Leben ruiniert werden.

Darmstadt

Zu meinem Austritt

Die Wahl Scheels, des ehemaligen Bundespräsidenten, zum Ehrenmitglied der Akademie für Sprache und Dichtung war für mich ja nur der letzte definitive Anlaß gewesen, mich von dieser Akademie für Sprache und Dichtung zu trennen, die meiner Meinung nach weder mit Sprache noch mit Dichtung das geringste zu tun hat und deren Existenzberechtigung jeder vernünftig Denkende mit gutem Gewissen selbstverständlich verneinen muß. Seit Jahren habe ich mich nach dem Sinn dieser sogenannten Darmstädter Akademie gefragt und mir immer wieder sagen müssen, daß ein solcher Sinn doch nicht darin bestehen kann, daß eine Vereinigung, die letzten Endes doch nur aus dem kühlen Grunde der Selbstbespiegelung ihrer eitlen Mitglieder gegründet worden ist, jährlich zweimal zur Eigenbeweihräucherung zusammenkommt und da, nach vom Staat bezahlter teurer, weil Luxusanreise, in guten Darmstädter Hotels großbürgerlich aufgetragene Speisen ißt und Getränke trinkt, um eine knappe Woche lang um ihren abgestandenen faden Literaturbrei herumzureden. Ist *ein* Dichter oder Schriftsteller schon lächerlich und, wo auch immer, für die Menschengesellschaft schon schwer erträglich, um wie vieles lächerlicher und unzumutbarer ist eine ganze Horde von Schriftstellern und Dichtern und solchen, die sich dafür halten, auf einem Haufen! Im Grunde kommen alle diese auf Staatskosten angereisten Ehrenträger in Darmstadt zusammen, um sich nach einem impotenten Jahr des gegenseitigen Kollegenhasses in Darmstadt auch noch eine Woche anzuöden. Das Schriftstellergeschwätz in den Hotelhallen Kleindeutschlands ist ja wohl das Widerwärtigste, das sich denken läßt. Es stinkt aber doch noch viel stinkender, wenn es vom Staat subventioniert wird. Wie ja überhaupt der ganze heutige Subventionsdampf zum Himmel stinkt! Dichter und Schriftsteller gehören nicht subventioniert, und schon gar nicht von einer subventionierten Akademie, sondern sich selbst überlassen.

Nun gibt die Akademie für Sprache und Dichtung (der absurdeste Titel der Welt!) alljährlich ein Jahrbuch heraus, und vielleicht hat wenigstens das einen Sinn? Aber in diesem Jahrbuch sind jedesmal, und immer wieder nur, schon bevor sie in den Satz gehen, verstaubte sogenannte Essays abgedruckt, die, wie gesagt, weder mit Sprache noch mit Dichtung, ja überhaupt nichts mit Geist zu tun haben, weil sie aus den an Ladehemmung krankenden Maschinen von geistlosen Schwätzern kommen, wie wir in Österreich sagen würden, von Gschaftlhubern ganz ohne Kopf. Und was ist außer diesen faden Elaboraten noch in diesem Akademiejahrbuch? Eine lange Liste mit allen möglichen und unmöglichen obskuren Ehrungen, die diese geistigen Regenwürmer im abgelaufenen Jahr »erfahren« haben. Wen, außer diese Regenwürmer selbst, interessiert das? Dazu auch noch, um es nicht zu vergessen, eine heuchlerische »Totenliste« mit Verlegenheitsnachrufen als Akademietotenpoker, jeder peinlicher und dümmer als der vorhergegangene. Schade, daß dieses Jahrbuch auf einem derartig kostbaren Papier gedruckt ist, daß es zur Beheizung meines Ofens in Ohlsdorf denkbar ungeeignet ist. Ich habe damit jedesmal, wenn der Briefträger bei mir seinen Schutt abgeladen hat, immer die größten Schwierigkeiten gehabt.

Aber, wird man sagen, die Akademie für Sprache und Dichtung (für diese Bezeichnung gebührt den Erfindern noch im nachhinein der Büchnerpreis!) verleiht doch den Büchnerpreis, die sogenannte angesehenste Literaturauszeichnung in ganz Deutschland. Ich sehe nicht ein, warum diese obskure Akademie den Büchnerpreis verleihen muß, denn zu dieser Verleihung braucht niemand eine Akademie. Und schon gar nicht eine Akademie für Sprache und Dichtung, die nur ein begriffliches und sprachliches Unikum ihres Titels ist, sonst nichts. Ich persönlich habe die Wahl in die Akademie, damals, vor, wie, es heißt, genau sieben Jahren, nicht weiter ernst genommen. Erst nach und nach ist mir das Dubiose dieser Darmstädter Akademie zu Bewußtsein gekommen, und ich habe dieses Dubiose tatsächlich augenblicklich in dem Moment ernst genommen, in dem ich gelesen habe, daß Herr Walter Scheel in diese Akademie gewählt worden ist, und bin kurzerhand ausgetreten. Wenn Herr Scheel eintritt, kann ich gleich austreten, habe ich mir gedacht.

Ich wünsche der Akademie für Sprache und Dichtung, die ich für Deutschland und für die ganze übrige Welt tatsächlich für das Allerentbehrlichste halte und die sicher für die Dichter (die es sind!) und für die Schriftsteller (die es sind!) mehr schädlich als nützlich ist, mit Herrn Scheel alles Gute. Die Darmstädter Akademie (für Sprache und Dichtung!) verschickt im Todesfall eines Mitglieds immer automatisch einen schwarzumrandeten Partezettel mit dem immer gleichen Nachruftext (über dessen Sprache und Dichtung sich streiten läßt). Vielleicht erlebe ich es noch und sie schickt eine Parte aus, auf welcher sie keines ehrwürdigen Mitglieds, sondern ihrer selbst gedenkt.

Dinkelsbühl

MINETTI
  [...]
  Zuerst glaubte ich
  ich ziehe mich enttäuscht
  naturgemäß enttäuscht
  nur auf die kürzeste Zeit nach Dinkelsbühl zurück
  in dieses kleine verschlafene Nest
  in welchem sich die Krautköpfe Gutenacht sagen
  aber ich bin ganze dreißig Jahre
  in Dinkelsbühl geblieben
  dreißig Jahre mein Kind
  [...]
  In der Dachkammer meiner Schwester in Dinkelsbühl
  spielte ich an jedem Dreizehnten des Monats
  vor dem Spiegel den Lear
  immer pünktlich um acht am Abend
  in Ensors Maske mein Kind
  um nicht aus der Übung zu kommen
  Und an jedem gewöhnlichen Tag
  eine angemessene Deklamation mein Kind
  Learsätze
  immer die gleichen Learsätze
  und an jedem Dreizehnten den kompletten Lear
  einmal in Englisch
  und einmal in Deutsch
  in meiner eigenen Übersetzung natürlich
  Der Künstler ist erst der wahre Künstler

wenn er durch und durch wahnsinnig ist
wenn er sich in den Wahnsinn hineingestürzt hat
bedingungslos
sich zur Methode gemacht hat
Der wahre Künstler mein Kind hat sich den Wahnsinn
seiner Kunst zur Methode gemacht
mag die Welt denken und schreiben was sie will
Er darf nur kein Angsthase sein
Der Künstler darf kein Angsthase sein natürlich
Die Gesellschaft hat mir den Boden entzogen
indem sie mir die Bühne entzogen hat
und die Senatoren haben mir den Prozeß gemacht
und meine Existenz ruiniert
aber meine Künstlerschaft hat unter dieser Gemeinheit
nicht gelitten
im Gegenteil
Aber welche Anstrengung mein Kind
vehement
In Dinkelsbühl in der Dachkammer meiner Schwester
Künstler sein
Niemals die Frage
ob etwas statthaft ist oder nicht niemals
Jeder Tag bringt nichts als Beweise
für die Niederträchtigkeit und die Unverschämtheit
und für die Unzurechnungsfähigkeit der Menschen
die sich die menschliche Gesellschaft nennt mein Kind
Die Menschheit flüchtet tagtäglich
in die klassische Literatur
denn in der klassischen Literatur ist sie unbehelligt
und in die klassische Malerei
und in die klassische Musik

daß es zum Kotzen ist
In der Klassik ist die Gesellschaft unter sich
unbehelligt
Aber ein Künstler hat sich dem Vorgang
dieser Schamlosigkeit zu verweigern
[...]
Weißt du wie klein Dinkelsbühl ist
Man merkt daß ich dreißig Jahre
in Dinkelsbühl gelebt habe
schaut sich von oben bis unten an
So sieht ein Mensch aus
der dreißig Jahre in Dinkelsbühl gelebt hat
existiert hat
Diese alte Hose
dieser alte Rock
diese alten Schuhe
dem Mädchen ins Gesicht
Nicht nach Dinkelsbühl gehen
nicht nach Dinkelsbühl

Düsseldorf

Unmöglich

Ein Theaterschriftsteller, dessen Schauspiele auf allen großen Bühnen gespielt worden sind, hatte es sich zum Prinzip gemacht, keine dieser Aufführungen zu besuchen und jahrelang hatte er, der mit den Jahren einen immer noch größeren Erfolg gehabt hatte, an diesem Prinzip festhalten können. Alle Einladungen der Schauspieldirektionen, sich ihre Inszenierung anzuschauen, hatte er grundsätzlich abgelehnt, die meisten Aufforderungen dazu überhaupt nicht beantwortet. Im Übrigen hatte er nichts mehr gehaßt als Theaterdirektoren. Eines Tages hatte er sein Prinzip durchbrochen und war nach Düsseldorf gereist, wo man im dortigen Schauspielhaus, das damals als eine der ersten Bühnen gegolten hat, was naturgemäß nicht heißt, daß das Düsseldorfer Schauspielhaus damals auch tatsächlich ein erstes Theater in Deutschland gewesen ist, und hatte sich sein dort aufgeführtes letztes Schauspiel angeschaut, naturgemäß nicht die Premiere, aber die dritte oder die vierte Vorstellung. Nachdem er gesehen hatte, was die Düsseldorfer Schauspieler aus seinem Schauspiel gemacht hatten, war er mit einer Klage vor das dafür zuständige Düsseldorfer Gericht gegangen, die ihn noch bevor es zur Verhandlung über diese Klage gekommen war, in das nahe Bielefeld gelegene berühmte Irrenhaus Bethel gebracht hat. Er hatte den Düsseldorfer Schauspieldirektor auf Herausgabe seines Schauspiels geklagt, was nichts anderes bedeutete, als daß er verlangte, alle an dem Schauspiel in welcher Weise immer Beteiligten sollten alles, was sie auch nur im geringsten mit seinem Schauspiel in Beziehung gebracht hatte, heraus- und zurückgeben. Selbstverständlich hatte er auch gefordert, daß die Zuschauer, nahezu fünftausend, die sein Schauspiel inzwischen gesehen hatten, ihm das Gesehene zurückgeben.

Frankfurt

Warum höre ich nichts aus Frankfurt, der heiligen Stadt? Für mich sind alle andern deutschen Städte, Hamburg ausgenommen, ganz und gar unerträglich, Frankfurt ist als einzige eine permanente herrliche hässliche schöne Schöpfung! Die andern sind tote, unerträgliche kopflose, schamlose, gemeine Museumsstücke.
Lauter Menschengerümpel, in welchem die Kunststücke entstehen unter lauter Fusstritten.

Freiburg im Breisgau

Was ein *Weinflaschenstöpselfabrikant* sei, hatte mich Gambetti gefragt, ich habe es ihm zu erklären versucht, gesagt, Freiburg sei eine entsetzliche Stadt, kleinbürgerlich, katholisch, unerträglich. Der Weinflaschenstöpselfabrikant meiner Schwester Caecilia sei ebenso kleinbürgerlich, katholisch, unerträglich. [...] Ein Deutscher aus dem deutschesten Winkel, hatte ich zu Gambetti gesagt. Aus dem Schwarzwald, wo die Füchse Gutenacht sagen und wo die deutsche Dummheit Triumphe feiert.

Goldegg-Weng

Weng ist der düsterste Ort, den ich jemals gesehen habe. [...] Tatsächlich erschreckt mich diese Gegend, noch mehr die Ortschaft, die von ganz kleinen, ausgewachsenen Menschen bevölkert ist, die man ruhig schwachsinnig nennen kann. Nicht größer als ein Meter vierzig im Durchschnitt, torkeln sie zwischen Mauerritzen und Gängen, im Rausch erzeugt. Sie scheinen typisch zu sein für das Tal.
Weng liegt hoch oben, aber immer noch wie tief unten in einer Schlucht. Über die Felswände zu kommen ist unmöglich. Allein die Bahn unten schafft einen Ausweg. Es ist eine Landschaft, die, weil von solcher Häßlichkeit, Charakter hat, mehr als schöne Landschaften, die keinen Charakter haben. Alle haben sie da versoffene, bis zum hohen C hinaufgeschliffene Kinderstimmen, mit denen sie, wenn man an ihnen vorbeigeht, in einen hineinstechen. Zustechen. Aus Schatten zustechen, muß ich sagen, denn in Wahrheit habe ich bis jetzt nur Schatten von Menschen gesehen, Menschenschatten, in Ärmlichkeit und in wie tobsüchtig zitternder Schwüle. Und diese Stimmen, die aus diesen Schatten zustechen, haben mich zuerst verwirrt, zum Weiterhetzen gezwungen.

Staatspreisträger Bernhard

Als bekannt wurde, daß Thomas Bernhard den Österreichischen Staatspreis für seinen Roman »Frost« erhält, war ich – gelinde gesagt – mehr als betroffen. Nun leistete sich der Herr Staatspreisträger anläßlich der Überreichung von 25.000 S laut einer Wiener Zeitung eine Brüskierung des Unterrichtsministers und des österreichischen Steuerzahlers, indem er bei der Übernahme des Preises in einer »Dankesrede« schwerste Anklagen gegen seine Heimat Österreich aussprach. Das zitierte Blatt äußerte dazu unter anderem, daß Bernhard konsequent sein müßte, sich von Österreich nicht beschenken lassen sollte und eigentlich das »Preisdiplom samt Preisgeld zurückschicken« müßte. Bis hierher ganz richtig! Die aber dann angedeutete, und auf Bernhard bezogen, auch verständliche Ansicht, daß der Fall eintreten könnte, wo man sich überlegen müßte, »ob es nicht sinnvoller ist, in Zukunft das ganze System kostspieliger Auszeichnungen, Staatspreise und Subventionen überhaupt abzubauen und würdigeren Zwecken zukommen zu lassen«, dürfte sich erübrigen, wenn man in Österreich so weit käme, zu bedenken, daß es sich um »Österreichische« Staatspreise handelt! Der Aufschrei gegen eine Brüskierung des Unterrichtsministers und des österreichischen Steuerzahlers hätte sich nämlich erübrigt, hätte man – wie es in einem demokratischen Staatswesen eigentlich selbstverständlich sein müßte – den Roman »Frost« von allem Anfang an eines Österreichischen Staatspreises für unwürdig erklärt, da er sozusagen den höchsten Souverän, das Volk selbst, brüskiert.

Oder ist es etwas anderes, wenn sich Bernhard in seiner Arroganz zu schreiben erlaubt über eine Salzburger »Ortschaft, die von ganz kleinen, ausgewachsenen Menschen bevölkert ist, die man ruhig schwachsinnig nennen kann. Nicht größer als ein Meter vierzig im Durchschnitt, torkeln sie zwischen Mauerritzen und Gängen, in Rausch erzeugt. – Alle haben sie da versoffene, bis zum hohen C hinaufgeschliffene Kinderstimmen, mit denen sie, wenn man an ihnen vorbeigeht, in einen hineinstechen.« Dazu schreibt er, der Ort liege in einer »Landschaft, die weil von solcher Häßlichkeit, Charakter hat«. Weiters heißt es noch auf der gleichen Seite: »Ich kann mir vorstellen, daß auf die Dauer Menschen verrückt werden, die ununterbrochen Wahrnehmungen machen, wie ich sie jetzt auf dem Weg nach Weng herauf und in Weng gemacht habe, wenn sie sich nicht durch Arbeit oder Vergnügen oder andere dementsprechende Tätigkeiten ablenken, wie Huren oder Saufen oder alle diese Tätigkeiten gleichzeitig.« Es ließen sich noch ärgere Beleidigungen unseres Bergvolkes aus dem Buche zitieren. Stellte man Herrn Bernhard, statt ihm einen Staatspreis zu verleihen, den Bewohnern Wengs gegenüber, so würden sie wahrscheinlich nicht mit einem hohen C in ihn hineinstechen, genauso wenig wie die Arbeiter und Arbeiterinnen, Schneeschaufler aus der Gegend von Sulzau, die Bernhard auf den ersten Seiten seines Romans darstellt, als wären sie Tiere, so daß er sich in ihren Ausdünstungen so warm wie in einem »Kuhbauch« gefühlt habe.

Man sollte Thomas Bernhard, obwohl er schreibt, »die Lehrer sind hinterhältig, verachtet wie überall«, noch einmal in die Schulbank setzen und ihm die Rede zu lesen geben, die Albert Camus 1957 bei Überreichung des Nobelpreises gehalten hat. Wie bescheiden waren doch seine Worte, die dann in dem Versprechen ausklangen: »Dann bleibt mir nur, Ihnen aus tiefstem Herzen zu danken und Ihnen zum Zeichen meiner Dankbarkeit in aller Öffentlichkeit das alte, sich stets gleichbleibende Versprechen der Treue abzugeben, daß jeder wahre Künstler sich jeden Tag in der Stille selbst abgibt.«

Hans Müller, Oberschulrat, Salzburg

Protokoll der 10. Sitzung der 5. Gesetzgebungsperiode des Salzburger Landtages, 24. April 1968

Anfrage der Abg. Ilmer, Erber, Pongruber, Spann und Genossen an den Herrn Landeshauptmann [Hans Lechner] betreffend die Zuerkennung des Österreichischen Staatspreises an den Schriftsteller Thomas Bernhard
Die Verleihung des Österreichischen Staatspreises an den Schriftsteller Thomas Bernhard für seinen Roman »Frost« hat im Rundfunk und Fernsehen, in Leserzuschriften und besonders in der Salzburger Bevölkerung zu kritischen Stellungnahmen geführt. Wiener Pressemeldungen zufolge erlaubte sich der Staatspreisträger bei der Überreichung von S 25.000 in seiner von Überheblichkeit gezeichneten Rede grobe Anklagen gegen seine Heimat Österreich. Was sich jedoch Bernhard in »Frost« zu schreiben erlaubt, ist eine Beleidigung eines Teils der Salzburger Bevölkerung, die nicht widerspruchslos hingenommen werden kann, weil sich jeder Salzburger zutiefst betroffen fühlen muß.
Gleich in den ersten Seiten des Buches berichtet Bernhard von Arbeitern und Arbeiterinnen sowie von Schneeschauf-

lern in der Gegend von Sulzau, die Tieren gleiche Ausdünstungen »warm« wie in einem Kuhbauch haben. Später wird von einer Salzburger Ortschaft erzählt, welche ansonsten als Paradies von Salzburg bezeichnet wird, wo aber Bernhard von einer Landschaft spricht, die, weil von solcher Häßlichkeit, Charakter hat. Und die Menschen dort sind alle, weil im Rausch gezeugt, weder geistig noch körperlich normal. Mehrere, noch anstößigere Aussagen ließen sich aus diesem Buch zitieren. Hier erhebt sich die Frage, wie war es trotz dieser in der Literatur der Gegenwart einzig dastehenden Entgleisungen und Brüskierungen eines Teiles der Salzburger Bevölkerung möglich, Herrn Bernhard den Österreichischen Staatspreis zu gewähren?

Auf Grund dieser Herausforderung stellen die unterzeichneten Abgeordneten an den Herrn Landeshauptmann die Anfrage:

Ist der Landeshauptmann bereit, beim Bundesministerium für Unterricht gegen diese Beleidigung eines Teiles der Salzburger Bevölkerung Protest einzulegen und zu intervenieren, daß in Zukunft solche Werke keine öffentliche Anerkennung mehr finden?

Anfrage über Ruhm

Mehrere Abgeordnete des Salzburger Landtags haben am Mittwoch in der Sitzung des Hohen Hauses eine Anfrage an den Landeshauptmann gerichtet, ob er bereit sei, beim Unterrichtsministerium »gegen die Beleidigung eines Teils der Salzburger Bevölkerung Protest einzulegen und zu intervenieren, daß in Zukunft solche Werke keine öffentliche Anerkennung mehr finden«. Ein solches Werk ist nach Ansicht der Abgeordneten und, wie aus Äußerungen und Leserzuschriften an die Zeitung hervorging, der Roman »Frost« von dem aus Salzburg gebürtigen Schriftsteller Thomas Bernhard. Die Beleidigung eines Teiles der heimischen Bevölkerung wird in mehreren Passagen dieses Buches erkannt, die mit Nennung von Ortsnamen die meisten Bewohner dieser gewissen »Gegenden« als im Rausch gezeugt, geistig und körperlich mehr oder minder debile Geschöpfe kennzeichnen. Thomas Bernhard, dessen erklärte Liebe zu seinem Heimatland ihm gerade diese schonungslos geißelnden Charakterisierungen abfordert, wie er in Gesprächen – staunend über die aufgebrachten Gemüter – erläuterte, hat mit solchen literarischen Äußerungen nichts anderes getan, als etwa ein James Joyce in seinem »Ulysses« und viele andere moderne Prosaisten und Dramatiker. Was ihm nun so verletzend hervorsticht, sind die namentlichen Fingerzeige, die er weder sich noch den Lesern zu ersparen vermag. Das ist eine der erlaubten Freiheiten des Schriftstellers und mithin ein Teil seiner persönlichen Verantwortung, zu der er sich im übrigen entschieden bekennt. Die internationale Literaturkritik hat Thomas Bernhard insbesondere als Verfasser des Romans »Frost« zu den bedeutendsten Prosakünstlern deutscher Zunge gezählt. Daß die Jury für den Österreichischen Staatspreis ihm diesen Ruhm bedenkenlos bestätigt, ist eines jener Begebnisse jenseits von Gut und Böse, die Achtung verdienen, wenn sie auch nicht gerade glücklich stimmen. Die Bewohner »jener Gegenden«, sofern sie beispielsweise in Goethes Schriften belesen sind, mögen die Auszeichnung des »Frost«-Autors als einen Fehlgriff betrachten, so als hätte weiland der Papst den Dichterfürsten für seine lasziven »Römischen Elegien« mit dem »Goldenen Sporn« dekoriert. Der Papst war so glücklich, es nicht zu tun. Aber sollten wir nun in unserem Falle die Messer »jener Gegenden« wetzen gegen einen Ruhm, der doch ganz und gar ohne sie seine Beständigkeit wird erweisen müssen.

M[ax]. K[aindl].-H[önig].

Protokoll der 10. Sitzung der 5. Gesetzgebungsperiode des Salzburger Landtages, 29. April 1968

Ich habe mich bereits vor der gegenständlichen Landtagsanfrage am März l[aufenden]. J[ahres]. veranlaßt gesehen, in einem persönlich an den Herrn Bundesminister für Unterricht gerichteten Fernschreiben gegen die Zuerkennung eines Österreichischen Staatspreises an den genannten Schriftsteller zu protestieren, nachdem ich von verschiedenen Seiten, unter anderem auch vom Jugendreferat des Amtes der Landesregierung, auf den für einen Teil der Salzburger Bevölkerung beleidigenden, wahrheitswidrigen und herausfordernden Inhalt seines Buches »Frost« aufmerksam gemacht wurde. Wie mir der Herr Unterrichtsminister in Stellungnahme hierzu in einem Schreiben vom 22. März mitteilte, ist die Entscheidung über die Verleihung bzw. Aushändigung des Österreichischen Staatspreises an den genannten Autor bereits schon vor längerer Zeit erfolgt, nachdem die zuständigen Juroren offenbar in gänzlicher Unkenntnis der örtlichen Gegebenheiten und in Gesamtwertung der künstlerischen Leistung diese Auszeichnung

stimmeneinhellig vorgeschlagen hatten. Ich habe über diesen bereits erfolgten Protest hinaus die gegenständliche Anfrage nochmals zum Anlaß genommen, den Herrn Unterrichtsminister darauf aufmerksam zu machen, daß im Inhalt dieses Buches, dessen Autor ein Österreichischer Staatspreis verliehen wurde, ungeachtet der sonstigen künstlerischen Qualifikation, eine echte Beleidigung eines Teiles unserer Bevölkerung gesehen werden muß, die die Zuerkennung eines Staatspreises ausschließen sollte. Zumindest in Zukunft sollte die Gefahr vermieden werden, daß solche Werke mit Staatspreisen bedacht werden.
Ich bitte das Hohe Haus, diese meine Ausführungen zur Kenntnis nehmen zu wollen.

Goldegg im Pongau, Land Salzburg   14. Mai 1968

An das
Bundesministerium für Unterricht in 1010 Wien
Betreffzeile Buch »Frost« – Protest der Gemeindevertretung

Sehr geehrter Herrn Bundesminister!
Die Gemeindevertreter der Gemeinde Goldegg, zu der auch die Ortschaft Weng gehört, protestieren, daß für das Buch »Frost« der »Österreichische Staatspreis für Literatur« verliehen wurde. Die Bevölkerung ist mehr als betroffen, wie ihre österreichische Heimat und sie selbst in diesem Roman geschildert werden.
»Tatsächlich erschreckt mich diese Gegend, noch mehr die Ortschaft, die von ganz kleinen, ausgewachsenen

Menschen bevölkert ist, die man ruhig schwachsinnig nennen kann.« Es kommt kein Berufsstand gut weg. So lesen wir zum Beispiel auf Seite 18 über die Wirtin: »... sie sei eine schlampige Abwascherin« ... »einen riesigen Germteigkuchen backe sie in der Nacht von Freitag auf Samstag, zwischen zwei Männern, die sie rücksichtslos strapaziert ...« (eine der beiden Wirtinnen in Weng mußte sich bereits von einem Gast ungefähr so ... Sie kennen ja den ›Frost‹ ... ansprechen lassen.
[...]
Obwohl diese Äußerungen teilweise dem umnachteten Maler Strauch in den Mund gelegt werden, glauben wir, daß die dichterische Freiheit mißbraucht wurde. Herr Thomas Bernhard hat um 1960 herum Urlaubstage im Pfarrhof von St. Veit im Pongau verbracht. Er hat also in dieser Zeit den Schauplatz des Romanes Schwarzach-Goldegg-Weng kennen gelernt. Das allfällige Argument, die Ortsnamen zufällig gewählt zu haben, scheidet daher aus.
Die Auswirkung auf den Fremdenverkehr in unserer Heimat kann sowohl positiv als auch negativ sein. Wir können aber nicht verstehen, daß in Österreich für einen Roman, der im Laufe der Handlung – sei sie noch so modern oder genial in der Darstellung des Wahnsinns – eine österr. Landschaft namentlich und deren Bewohner in primitivster Ausdrucksweise beschreibt, der Staatspreis verliehen wird.
Hochachtungsvoll

Graz

Konsequenz

Am Ende einer philosophischen Auseinandersetzung, die zwei Grazer Professoren jahrzehntelang gequält und nicht nur sie selbst, sondern auch ihre Familien in den Ruin geführt hat und die, wie sie eines Tages hellsichtig einem dritten Kollegen gegenüber gesagt haben sollen, wie alle philosophischen Auseinandersetzungen zu nichts führte und die schließlich und naturgemäß auch diesen Kollegen, den sie mit der Zeit in ihre Auseinandersetzung hineingezogen hatten, in den Ruin und tatsächlich in den Wahnsinn getrieben haben soll, hatten die zwei Grazer Professoren, nachdem sie sozusagen schon gewohnheitsmäßig ihren dritten Kollegen und Kontrahenten in ihr gemeinsam für nichts anderes als für ihre philosophische Auseinandersetzung gemietetes Haus eingeladen hatten, dieses Haus in die Luft gesprengt. Für das dafür notwendige Dynamit hatten sie den letzten Rest ihres Vermögens ausgegeben gehabt. Da zum Zeitpunkt der Explosion auch die Familien aller drei Professoren vollzählig in ihrem Hause anwesend gewesen waren, hatten sie auch ihre Familien in die Luft gesprengt. Die hinterbliebenen Verwandten eines der drei Professoren und Kontrahenten, für welche ihre jahrzehntelange philosophische Auseinandersetzung, wie sie selbst bewiesen haben, tödlich gewesen war, hatten zuerst eine Klage gegen den Staat in Erwägung gezogen, weil sie der Meinung gewesen waren, der Moral- und Geistesbankrott des Staates habe die drei in den Tod getrieben, haben eine solche Klage aber dann doch nicht eingebracht, weil sie die Sinnlosigkeit einer solchen Klage eingesehen haben.

Wien, Innsbruck, schließlich Graz, das mir zeitlebens verhaßte, hatte ich in dem absoluten Willen, dort ein Studium anzufangen und zu beenden, aufgesucht und war schon von Anbeginn an gescheitert. Einerseits, weil mir diese Universitäten mit ihrem jahrhundertelang abgestandenen Wissensbrei sofort den Magen und gleichzeitig natürlich den Kopf verdorben haben, andererseits, weil ich alle diese Städte nicht ausgehalten habe, Innsbruck nicht, Graz nicht, Wien auf die Dauer nicht. Alle diese Städte, die ich naturgemäß auch schon vorher, wenn auch nicht gründlich, gekannt habe, deprimieren mich auf das Niederschmetterndste und es sind ja auch, vornehmlich Graz, widerwärtige Provinznester, jede für sich hält sich für den Nabel der Welt und glaubt, den Geist gepachtet zu haben, ja, aber es ist nur der ganz primitive Kleinbürgergeist; die Abgeschmacktheit Philosophie lehrender und Literatur betreibender Schrebergärtner habe ich in diesen Städten kennengelernt, nichts sonst und der üble Geruch borniertér Gemeinheit in diesen österreichischen Kloaken hat mir von vornherein den Appetit auf einen längeren, als nur den kürzesten Aufenthalt verdorben.

FRAU ZITTEL *nimmt ein Bügelbrett, klappt es auf und*
fängt an, Hemden zu bügeln
Der Professor Robert
hat ja Herzschwäche
letztes Stadium
jetzt kommt wieder die Zeit
die für ihn die schlimmste ist
das Frühjahr ist immer schlimm
Wenn ich erst den April überstehe Frau Zittel
habe ich schon gewonnen
dann geht es wieder das ganze Jahr sagte er
er liest tagtäglich die Neue Zürcher Zeitung
In Graz leben nur Alte und Dumme
hat der Professor immer gesagt
in Graz ist nur der Stumpfsinn zuhause
ich verstehe nicht
daß es Leute gibt
die von Graz begeistert sind
Wo hätte ich in Graz hingehen sollen
mir war Graz immer langweilig
HERTA
Der Herr Professor hat mir versprochen
mich nach Graz mitzunehmen
FRAU ZITTEL
In Graz muß niemand gewesen sein

Innsbruck

Kurz nach der Abzweigung sagte er: »Was ich Ihnen in bezug auf meine Schlaflosigkeit gesagt habe, hängt mit meiner Entlassung aus der Innsbrucker Anstalt, in der ich, wie Sie wissen, bis vor den Ferien beschäftigt gewesen bin, zusammen.« Er sagte: »Ich habe mein Leben lang nur ein entsetzliches Leben geführt, und es ist mein Recht, ein entsetzliches Leben zu führen, und dieses entsetzliche Leben ist meine Schlaflosigkeit ... Aber jetzt die Geschichte, die zu meiner Entlassung aus der Innsbrucker Anstalt geführt hat. Wie alle meine Geschichten fängt sie damit an, daß ich nicht habe schlafen können. Ich habe nicht *ein*schlafen können. Ich nehme viele Mittel ein, aber mir hilft kein Mittel mehr. Ich war«, sagte er, »mit meinen Schülern stundenlang auf dem Nordufer entlanggelaufen. Wir alle waren müde. Mit offenen Augen, unfähig, mich durch Lektüre abzulenken, bin ich, meiner lebenslänglichen Schlaflosigkeit ausgeliefert, in den niederträchtigsten Gedanken festgehalten gewesen und habe mir immer wieder gesagt: *sie* schlafen, *ich* schlafe nicht, *sie* schlafen, *ich* schlafe nicht, *ich* schlafe nicht, *sie* schlafen, *ich* schlafe nicht ... Diese Internatsruhe, diese von den Schlafsälen ausgehende entsetzliche Ruhe ... Wenn alles schläft, nur *ich* schlafe nicht, *ich* nicht ... Dieses ungeheure Kapital in den Schlafsälen der jungen Menschen, habe ich gedacht ... Die Föhnzustände, die den Schlaf in die Menschen hineinstopfen und die den Schlaf aus den Menschen heraussaugen ... Die Zöglinge schlafen, *ich* schlafe nicht ... Diese endlosen Absterbensnächte für Herz und Geist ... Tief in dem Bewußtsein, daß es kein Mittel gegen meine Schlaflosigkeit gibt, habe ich nicht einschlafen können ... Sie müssen sich vorstellen, daß ich schon wochenlang nicht mehr geschlafen habe ... Es gibt Leute, die behaupten, sie schlafen nicht, schlafen aber. Es gibt welche, die behaupten, wochenlang nicht mehr geschlafen zu haben, und haben immer vorzüglich geschlafen ... Aber ich habe *wirklich* wochenlang nicht mehr geschlafen! Wochenlang, monatelang! Wie aus meinem Gekritzel, meinen Aufzeichnungen hervorgeht, habe ich monatelang nicht geschlafen. Ich habe ein dickes Heft, in dem ich über meine Schlaflosigkeit Buch führe. Jede Nachtstunde, in der ich nicht schlafe, ist durch einen schwarzen Strich gekennzeichnet, jede Nachtstunde, in der ich schlafe, durch einen schwarzen Punkt. Dieses Heft«, sagte der neue Erzieher, »enthält Tausende von schwarzen Strichen und nur fünf oder sechs Punkte. An der Genauigkeit, mit welcher ich über meine Schlaflosigkeit Buch führe, werden Sie ja, nehme ich an, da Sie mich ja doch jetzt schon kennen, nicht zweifeln. Und in dieser Nacht, derentwillen ich jetzt auf einmal wieder in einer Weise aufgebracht bin, daß ich fürchte, es könnte Anstoß, ja, bei Ihnen Anstoß erregen, in dieser Nacht nach einem Tag voller Ärgernisse, was meine Schüler betrifft, pausenloser, jugendlicher Unsinnigkeit, Unerträglichkeit, habe ich, die unnachgiebig perverse Felswand des Hafelekar vor dem Kopf, nicht schlafen, nicht einschlafen können, auch nicht unter Heranziehung geradezu der peinlichsten Ausflüchte in ja bei mir schon katastrophale Lektüremöglichkeiten ... Ich blätterte da«, sagte er, »völlig konfus in *Furcht und Zittern* und in *Entweder-Oder* und in den pascalschen Gedankenpartikelchen herum, als handelte es sich um populär-masochistische Arzneibücher für Fälle ganz untergeordneten Schwachsinns ... Dann plötzlich, gegen zwei Uhr früh, in dem Augenblick, in welchem sich meine Müdigkeit gegen meine Schlaflosigkeit durchsetzen konnte, das fühlte ich plötzlich: die Müdigkeit fing an, die Schlaflosigkeit zu hintergehen, schlief ich ein, tatsächlich, ich schlief, obwohl ich schon lange Zeit, wie Sie wissen, nicht mehr an ein Einschlafenkönnen gedacht hatte, hatte denken dürfen, ein ... Aber kaum war ich eingeschlafen, wachte ich wieder auf – und zwar durch ein Tier, durch ein aus dem Wald herausgetretenes Tier ... Dieser Vorgang hatte sich bis dahin schon wochenlang wiederholt ... Ich wache auf und ich höre das Tier, wochenlang höre ich das Tier unter meinem Fenster ... im Schnee ... jede Nacht um die gleiche Zeit höre ich unter meinem Fenster das Tier im Schnee ... Ich weiß nicht, um was für ein Tier es sich handelt, ich habe nicht die Kraft, aufzustehn und zum Fenster zu gehn und hinaus- und hinunterzuschauen ... Bis heute weiß ich nicht, um was für ein Tier es sich gehandelt hat ... Der Vorgang, daß ich nicht habe einschlafen können, dann aber doch eingeschlafen und danach sofort von dem Tier aufgeweckt worden bin, wiederholte sich, wie aus meinen Schlaflosigkeitsaufzeichnungen hervorgeht, genau sechsunddreißig Nächte lang. In der siebenunddreißigsten Nacht der gleiche Vorgang: ich habe nicht schlafen, nicht *ein*schlafen können, und während ich noch von dem Gedanken, nicht einschlafen zu können, nicht eingeschlafen zu sein, auf die fürchterlichste Weise erniedrigt bin, muß ich, wie in den sechsunddreißig Nächten vorher, doch eingeschlafen sein, denn ich bin auf einmal aufgewacht, durch das Tier aufgewacht, das unterhalb meines, wie Sie wissen, auch im strengsten Winter immer offenen Fensters in den

Schnee getreten ist ... Futter suchend ... Da bin ich«, sagte der neue Erzieher, »aufgestanden und habe die Pistole, die ich während meiner ganzen Erzieherlaufbahn immer unter dem Kopfpolster habe, entsichert und habe dem Tier in den Kopf geschossen.«

Wir schauten jetzt beide auf den Platz vor der Brauerei hinunter. »Natürlich sind alle aufgewacht«, sagte der neue Erzieher, »die Zöglinge zuerst, dann die Erzieher, die Professoren, der Anstaltsdirektor. Ich beobachtete, ich hörte, wie sie das erschossene Tier vom Zugbrunnen wegzogen, die Mauer entlang. Die Erzieher schleppten es ins Haus. Ich hörte sie meinen Namen rufen. Ein guter Schuß. Selbstverständlich quittierte ich augenblicklich den Dienst. Ein guter Schuß. Innsbruck ist mir verhaßt. Hier in Salzburg bemerke ich allerdings schon jetzt, nach allerkürzester Zeit, die Anzeichen eines neuen Unheils.«

Interlaken

WELTVERBESSERER
    Willst du nach Interlaken
    Eine Stimme in mir sagt
    ja
    eine andere sagt nein
    ja die eine
    ja nach Interlaken die eine
    nein nicht nach Interlaken die andere
    Ich hasse nichts so wie die Schweiz
    und ich hasse nichts so wie die Natur
    Laß uns nachdenken
    vielleicht gibt es einen anderen Ort
    wo wir ein paar glückliche Tage verbringen können
    Darf es denn nicht im Norden sein
    Was hast du gegen den Norden
    Immer willst du in den Süden
    Das ist eine sentimentale Schwäche
    Im hohen Norden wird der Kopf klar
    im Süden wird alles schwach und verderbt
    Es ist eine perverse Gewohnheit
    in den Süden zu fahren
    die Geschichte aufzusuchen
    die Kultur auszugraben
    ich habe die sogenannten Bildungsreisen immer gehaßt
    Ich hasse Museen
    der ganze Süden
    ist ein einziges Museum

Rom was für eine Abscheulichkeit mein Kind
Sizilien ein Trugschluß
Athen ein Alptraum
Von Säule zu Säule
von Grab zu Grab
von Kirche zu Kirche
von Madonna zu Madonna
Ich habe es immer gehaßt
Aber Interlaken hasse ich noch mehr
Schlag dir Interlaken aus dem Kopf
[...]
Im Prinzip habe ich nichts dagegen
daß wir in die Schweiz gehen
Ich habe auch nichts
gegen Interlaken
Es ist naturgemäß
auch keine Kostenfrage
hält die Mausefalle vor das Gesicht der Frau
Siehst du sie
sie hat Angst
Ausgerechnet der Mensch
ist unmenschlich
Sie weiß nichts
von Interlaken

Kitzbühel

Verdacht

Ein Franzose ist in dem berüchtigten Kitzbühel allein deshalb verhaftet worden, weil ihn ein Stubenmädchen des Hotels Doppeladler beschuldigt hatte, er habe es gegen Mitternacht, als es ihm auf seinen Wunsch einen dreifachen Cognac auf seinem Zimmer servieren mußte, zu mißbrauchen versucht, was der Franzose, wie die Zeitungen schreiben, vor der Gendarmerie strikt in Abrede gestellt und als *gemeine und niederträchtige alpenländische Infamie* bezeichnet habe. Der Franzose war Germanistikprofessor an der berühmten Pariser Sorbonne gewesen und hatte sich im Hotel Doppeladler in Kitzbühel von den Strapazen einer von ihm vorgenommenen, ihn über zwei Jahre in Anspruch genommenen Übersetzung von Nietzsches *Also sprach Zarathustra* erholen wollen. Der abrupte Wechsel aus dem Pariser in das Kitzbüheler Klima hatte ihm aber naturgemäß nicht gut getan und die Folge seiner überstürzten Reise von Frankreich nach Tirol war eine bösartige Grippe gewesen, die ihn gleich nach seiner Ankunft in Kitzbühel befallen und auf Tage ins Bett geworfen hatte. Da als erwiesen angenommen worden war, daß dem französischen Professor alle Voraussetzungen dazu gefehlt hatten, das Stubenmädchen zu verführen, geschweige denn, ihm tatsächlich Gewalt anzutun, war er schon nach wenigen Stunden aus der Haft entlassen worden und in den Doppeladler zurückgekehrt. Das Stubenmädchen ist aus dem Doppeladler hinausgeworfen worden und als es sein Bild mit der Unterschrift *Eine infame Kitzbühelerin* in der Zeitung entdeckt hat, sofort in den Inn gegangen. Bis heute hat man die Leiche noch nicht gefunden.

Koblenz

Warnung

Ein Kaufmann aus Koblenz hatte sich im vergangenen Jahr seinen Lebenswunsch erfüllt, die Pyramiden von Gizeh zu besuchen und hatte, nachdem er die Pyramiden besucht gehabt hatte, diesen Besuch als die größte Enttäuschung seines Lebens bezeichnen müssen, was ich verstehe, denn ich selbst war im vergangenen Jahr in Ägypten und vor allem von den Pyramiden enttäuscht gewesen. Während ich selbst jedoch meine Enttäuschung sehr rasch überwunden hatte, rächte der Koblenzer Kaufmann seine Enttäuschung dadurch, daß er monatelang seitenlange Inserate in allen wichtigen Zeitungen Deutschlands, der Schweiz und Österreichs veröffentlichte, in welchen er alle zukünftigen Besucher Ägyptens vor den Pyramiden, vor allem aber vor der berühmten Cheopspyramide, die ihn mehr noch als die andern zutiefst enttäuscht hatte, warnte. Der Koblenzer Kaufmann hat mit diesen von ihm selbst so genannten Antiägypten- und Antipyramidenplakaten in der kürzesten Zeit sein Vermögen aufgebraucht und sich ins totale Unglück gestürzt. Seine Inserate hatten auf die Ägyptenreisenden naturgemäß nicht den von ihm erhofften Einfluß gehabt, im Gegenteil vergrößerte sich die Zahl derer, die heuer Ägypten besuchten, gegenüber jenen des Vorjahres um das Doppelte.

Krottendorf (Weiz)

Als Hilfsarbeiter bei einem Häuteverwerter in Krottendorf arbeite ihr Sohn sogar an den Sonntagen. Seine Kleidungsstücke strömten, wenn er zu Besuch komme, einen fürchterlichen Kadavergeruch aus, auch die Kleidungsstücke seiner Frau, auch die Kleidungsstücke ihrer Enkel. Das ganze Haus sei, wenn sie da sind, von dem Kadavergeruch angefüllt, und sie sagte, daß sie, wenn sie alle weg seien, stundenlang alle Fenster offen lassen müsse, um es aushalten zu können. Die Übelriechenden selber aber bemerkten ihren üblen Geruch nicht mehr. [...] Von Krottendorf verbreite sich in einem weiten Umkreis der Kadavergeruch, an manchen Tagen, bei Ostwind, bis nach Graz. Wer in Krottendorf lebe, lebe mitten in einer ununterbrochen stinkenden Gelderwerbshölle.

Ihr Sohn beschreibe, was sie immer erschüttert hat, völlig abgestumpft, die Arbeit in der Häuteverwertung als eine ihm gleichgültige, eintönige, für Lunge und Niere schädliche. Bei ihm aber hätten die Ärzte, die alle zwei Monate die dreihundert Arbeiter der Krottendorfer Häuteverwertung untersuchen, weder an seiner Lunge noch an seiner Niere etwas Verdächtiges festgestellt. Nach zehnjähriger Arbeit in Krottendorf [...] »nach zehnjährigem Umrühren in den Krottendorfer Bottichen«, träten an den Lungen und in den Nieren der Krottendorfer Arbeiter Veränderungen auf, »tödliche«, sagte sie.

Leoben

Die Idee, in Leoben zu studieren, war ja auch nur ein einzigesmal aufgetaucht, allerdings, ich bin nach Leoben gefahren, um über die Möglichkeiten eines montanistischen Studiums mehr als ich darüber schon wußte, in Erfahrung zu bringen, aber schon gleich wie ich in Leoben aus dem Zug gestiegen bin, hatte mich der Ort abgestoßen. In einem solchen Ort kannst du nur zugrunde gehen, aber nicht einen Tag länger existieren als notwendig, hatte ich mir damals gesagt und ich hatte es ja tatsächlich nicht notwendig gehabt, auch nur einen Tag in Leoben zu sein und bin auch denselben Tag wieder nach Wien zurückgefahren, von wo aus ich Leoben in Augenschein hatte nehmen wollen. Schon als ich über dem Semmering gewesen war, hatte mich ein Gefühl der Bedrückung erfaßt, in meinem Kopf und in meinem ganzen Körper. Wie es überhaupt Leute gibt, die es in solchen Kleinstädten wie Leoben aushalten, hatte ich damals gedacht und ein paar Hunderttausende existieren schließlich allein in unserem Land widerspruchslos ihr ganzes Leben in solchen Nestern wie Leoben.

Linz

Rezept

In Linz sind in der vergangenen Woche einhundertachtzig Personen gestorben, die die jetzt gerade in Linz grassierende Grippe gehabt haben, aber nicht an dieser Grippe, sondern an einem von einem neueingestellten Apotheker falsch verstandenen Rezept. Der Apotheker muß sich wahrscheinlich wegen fahrlässiger Tötung vor Gericht verantworten, möglicherweise, wie die Zeitung schreibt, *noch vor Weihnachten.*

***

Stadt Linz, die abstoßendste und die durch und durch häßlichste österreichische Stadt

***

Stifter ist auf den längsten Strecken seiner Prosa ein unerträglicher Schwätzer, er hat einen stümperhaften und, was das Verwerflichste ist, schlampigen Stil und er ist tatsächlich außerdem auch noch der langweiligste und verlogenste Autor, den es in der deutschen Literatur gibt. Stifters Prosa, die als prägnant und präzise und klar bekannt ist, ist in Wirklichkeit verschwommen, hilf- und verantwortungslos und von einer kleinbürgerlichen Sentimentalität und kleinbürgerlichen Unbeholfenheit, daß es einem beim Lesen etwa des *Witiko* oder der *Mappe meines Urgroßvaters* den Magen umdreht. Gerade diese *Mappe meines Urgroßvaters* ist schon in den ersten Zeilen ein stümperhafter Versuch, eine leichtfertig in die Länge gezogene, sentimentale, fade Prosa voll innerer und äußerer Fehler als ein Kunstwerk auszugeben, das doch nichts ist als ein kleinbürgerliches Linzer Machwerk. Es wäre ja auch undenkbar, daß aus dem kleinbürgerlichen Provinzloch Linz, das seit Keplers Zeiten ein tatsächlich zum Himmel schreiendes Provinzloch geblieben ist, das eine Oper hat, in der die Leute nicht singen können, ein Schauspiel, in dem die Leute nicht spielen können, Maler, die nicht malen, und Schriftsteller, die nicht schreiben können, aufeinmal ein Genie hervorgegangen wäre, als welches doch Stifter allgemein bezeichnet wird. Stifter ist kein Genie, Stifter ist ein verkrampft lebender Philister und ein ebenso verkrampft schreibender muffiger Kleinbürger als Schulmann, der nicht einmal den geringsten Anforderungen an die Sprache entsprochen hat, geschweige denn darüber hinaus befähigt gewesen wäre, Kunstwerke hervorzubringen, sagte Reger.

***

»Linz kommt nicht in Frage«
Telegramm von Thomas Bernhard an Rudolf Rach, in Reaktion auf dessen Frage, ob er mit einer Aufführung von »Der Ignorant und der Wahnsinnige« *in Linz einverstanden sei*

***

Thomas Bernhard will nicht

Der Intendant des Landestheaters Linz, Alfred Stögmüller, hatte geplant, seine dritte Bühne, wenn sie im Herbst im ehemaligen Ursulinenkloster installiert ist, mit dem virtuosen Stück »Der Ignorant und der Wahnsinnige« von Thomas Bernhard heimatlich-festlich zu eröffnen, denn der Dichter wohnt bei Gmunden und sein Drama zählt zur wirksamen Moderne.

Aber der Intendant hatte seine Rechnung ohne den Autor gemacht. Als er die Aufführungserlaubnis vom Suhrkamp-Verlag Frankfurt einholen wollte, wurde ihm mitgeteilt, daß Thomas Bernhard seine zwei Akte ausdrücklich für Linz gesperrt habe.

Was steckt hinter dem lokalbedingten Verbot?

Der Chef der Kulturabteilung beim Amte der oberösterreichischen Landesregierung, Hofrat Dr. Karl Pömer, wandte sich an Wolfgang Schaffler, den Inhaber des Residenz-Verlages Salzburg, bei dem der Schriftsteller auch publiziert, um die Aversionen zu erfahren. Doch es war nichts Genaues herauszubekommen. Es wurde nur angedeutet, daß der Dramatiker einen Mißerfolg vermeiden möchte.

In Salzburg, bei den Festspielen 1972, gestaltete sich die Uraufführung zu einem Triumph, der allerdings wegen Zerwürfnissen zwischen dem Präsidium und Klaus [sic!] Peymann nicht wiederholt werden durfte. Die Darsteller glänzten. Der Text, inzwischen im Buchhandel erschienen, bot eine Sprache voll Spannung und Effekt. Das Münchner Werkraumtheater spielte das Stück im April 1973 nach. Die Wiedergabe unter Jens Pesel war schlecht. Das verdroß verständlicherweise den Autor. Die Einnahmen ließen zu wünschen übrig.

Der Intendant des Landestheaters Linz hatte schon einmal die Szenen »Ein Fest für Boris« von Thomas Bernhard auf seinem Programm gehabt, aber Elfriede Gollmann, die die anstrengende Hauptrolle verkörpern sollte, fiel wegen Krankheit aus. Das verdroß verständlicherweise den Autor.
Doch reden wir nicht vom empfindlichen Charakter, sondern handfest vom Geld.
Als Ferry Bauer, der Leiter der Hörspielabteilung des ORF/Studio Oberösterreich, der Leseaufnahmen gemacht hatte, neuerlich mit Thomas Bernhard über eine Mitarbeit am Sender verhandeln wollte, forderte im Namen des Dichters ein junger Mittelsmann so horrende Summen, daß eine Absprache nicht zustande kam. Für den gefragten Poeten ist jetzt Schnittzeit.
Ein paar Aufführungen in einem Kellergewölbe vor wenigen Zuschauern bringen fast kein Honorar. Dem wäre abzuhelfen, indem die Kulturabteilung einen Förderungsbeitrag springen ließe. (Diese Möglichkeit wurde großzügig erörtert.)
Doch garantieren die gestifteten Silberlinge, die vielleicht das harte Herz des rechnenden Autors erweichen könnten, eine Premiere voll Brillanz, die einigermaßen an die Uraufführung heranreicht? Oder hat Thomas Bernhard, dem das Burg- und Akademietheater offenstehen, nach München kein Vertrauen mehr zu drittrangigen Bühnen?
Das hätte der Intendant des Landestheaters Linz, Alfred Stögmüller, bevor er das Stück »Der Ignorant und der Wahnsinnige« programmierte, zuerst klären sollen. Wenn der Dramatiker keine Aufführung will, so ist die voreilige Ankündigung des Theaters nicht seine Blamage.

Josef Laßl, »Oberösterreichische Nachrichten«, 24. Juli 1973

Nein vom Schwierigen
Thomas Bernhard verhinderte die Aufführung
von »Der Ignorant und der Wahnsinnige« in Linz

Er gilt als schwirig, was heißen soll, daß er weitreichende Entscheidungen trifft, ohne dazu Begründungen anzugeben, daß er den Umgang mit Menschen meidet und vor allem Gespräche mit Journalisten manisch ablehnt. Letzteres habe ich selbst in unangenehmer Weise erfahren müssen, als ich zu einem (ausgemachten) Interview vor seinem malerischen Vierkanthof in der Nähe von Gmunden eintraf und der Dichter Thomas Bernhard im gleichen Augenblick mit seinem knallgelben Volkswagen entfloh, um sich bei einem befreundeten Häusermakler zu verstecken: Das Interview kam nie zustande.

Nun hat Thomas Bernhard seine Schwierigkeit einmal mehr unter Beweis gestellt, und diesesmal ist es das Linzer Landestheater, dem er Schwierigkeiten macht. Ohne Angabe von Gründen ließ er über den Suhrkamp-Verlag eine Inszenierung des Stücks »Der Ignorant und der Wahnsinnige« an der dritten Bühne des Linzer Landestheaters im ehemaligen Ursulinenkloster ablehnen. Der betroffene Intendant, der sich eine gelungene Premiere seiner neugegründeten dritten Bühne erhoffte, suchte vergeblich die Ursachen für die unerwartete Sperre beim Verlag und bei Freunden Bernhards in Erfahrung zu bringen. Auch dem KURIER gegenüber blieb Doktor Rach, des Suhrkamp-Verlages Verbindungsmann zu Bernhard, einsilbig: Ja, Bernhard habe sein Stück speziell nur für Linz nicht freigegeben, erklärte er, und im übrigen könne, wolle und dürfe er dazu nichts sagen.

Die Reaktion des Verlagsmannes bleibt jedoch nicht unverständlich, wenn man weiß, daß Thomas Bernhard über die Leute bei Suhrkamp kaum allzu glücklich ist. Ohne sein Einverständnis hatten sie »Der Ignorant und der Wahnsinnige« – bei der Uraufführung zu den Salzburger Festspielen im vergangenen Jahr ein voller Erfolg – in Zürich und München spielen lassen, wo mangelnde Aufführungsqualität das Stück durchfallen ließ.

Derartiges, so meinen Bernhard-Kenner, wolle der Dichter in Hinkunft vermeiden, in diesem Sinne sei auch das Linz-Verbot zu interpretieren: Die Linzer könnten eben nicht jene Qualität garantieren, die sich Bernhard als Voraussetzung zu einer Neuinszenierung wünsche.

Intendant Stögmüller wird sich zur Eröffnung seiner Bühne ein anderes Stück aussuchen müssen. So schwer wird's ihm nicht werden: Es gibt genügend lebende Autoren, die umgänglicher sind. *Rudolf John, Kurier, 29. Juli 1973*

Lissabon

Manchmal hatte ich den Gedanken, in Lissabon könnte ich auch so viele Jahre verbringen wie in Rom, aber dann fällt mir immer wieder mein Onkel Georg ein mit seinem doch treffenden Wort über diese, wie ich glaube, herrlichste aller Städte. Lissabon ist tatsächlich noch schöner als Rom, aber es ist eine Provinzstadt. In Lissabon habe ich die schönste Zeit meines Lebens verbracht, aber doch nicht, wie in Rom, die beste.

***

HERRENSTEIN
 Es ist falsch wenn sich ein Krüppel
 der völlig unbeweglich ist
 ausgerechnet
 weil es seine Gewohnheit ist
 immer wieder im Hassler einmietet
 das Hassler ist ja letztenendes auch ein häßliches Hotel
 ich weiß gar nicht warum ich immer wieder sage
 das Hassler ist schön
 Den Blick auf die Spanische Treppe
 hasse ich wie nichts sonst
 Rom kommt nicht mehr in Frage
 Wie Rom vor dreißig Jahren
 so ist heute Lissabon
 da fahren wir so bald als möglich hin
 ich liebe diese Stadt

Ist Ihnen aufgefallen
daß nirgends auf der Welt so viele Krüppel herumlaufen
wie in Lissabon
an jeder Ecke ein vom Krebs überwuchertes Gesicht
abgestorbene Nasen angefressene Ohren
in Lissabon regieren die Krankheiten absolut
das fasziniert mich wahrscheinlich

London

Weltstadt

Tokio *mag* eine große Stadt sein, aber London *ist* eine große Stadt, das sieht man schon, wenn man in der Victoriastation ankommt: wie die Leute ihren Hut aufhaben und ihren Stock am Arm hängen. Die bedeutenden Verluste in den Gehirnen auf der Victoriastation beweisen mehr als alles andere, daß London eine große Stadt ist, sogar eine Weltstadt, und das bedeutet heute etwas.

Piccadillycircus

Ein kürzlich in London gewesener Kollege meines Vetters berichtete diesem, er sei während seines Londoner Aufenthaltes zwischen zehn und elf Uhr am Abend auf dem Piccadillycircus auf die Idee gekommen, in eine, gleich welche, Untergrundbahn zu steigen und bis zur Endstation zu fahren, wie er das schon sehr oft gemacht habe, denn von nichts auf der Welt sei er solange er zurückdenken könne, zeitlebens mehr begeistert gewesen, als von der Londoner Untergrundbahn, die mit keiner anderen Untergrundbahn auf der Welt vergleichbar sei und schon gar nicht mit der Metro in Paris, die ihn, wie er sie zum erstenmal bestiegen habe, so enttäuscht habe, daß er beschlossen hat, nie mehr seinen Fuß in die Stadt Paris zu setzen. Kaum sei jener Kollege in London, besteige er irgendeine Untergrundbahn und fahre mit ihr solange wie möglich und er sei tatsächlich alle Londoner Untergrundbahnstrecken schon so oft gefahren, daß er es nicht mehr zählen könne. Tatsächlich war er an dem fraglichen Tage schon mehrere Male mit der Untergrundbahn gefahren, er hatte aber selbst nach zehn Uhr am Abend noch nicht genug davon. Als aber jetzt, so der Untergrundenthusiast zu meinem Vetter, die Untergrundbahn, auf welche er gewartet hatte, eingefahren war und sich die automatischen Türen öffneten, fielen die an die Türen gepreßten Fahrgäste vollkommen steif und tot heraus und die anderen waren, ebenso steif und tot in der Untergrundbahn stehen und sitzen geblieben. Erschrocken war er, der als einziger auf dem Bahnsteig gewartet hatte, wieder auf den Piccadillycircus hinaufgelaufen. Wie er aber sein Erlebnis den Untergrundbahnbeamten oben mitgeteilt hatte, hätten diese nur die Köpfe geschüttelt. Er sei dann nach Knightsbrigde, um sich zu erholen. Seither fahre er nicht mehr mit der Untergrundbahn.

Lörrach

BRUSCON
    In Lörrach ist das Gift
    In Lörrach lagert das Gift
    das die Menschheit auslöscht
    zum Wirt direkt
    Das ist der Lörracheffekt
    in meinem Rad der Geschichte mein Herr

Lübeck

MINETTI
  In Lübeck
  in der Hansestadt Lübeck
  vor vierzig Jahren müssen Sie wissen
  wo ich Theaterdirektor gewesen bin
  bevor ich mich endgültig
  der klassischen Literatur verweigert habe
  Ich habe es gehaßt
  immerfort klassische Stücke zu spielen
  Ich hasse die klassische Literatur
  ich hasse die klassische Kunst
  Den Lear ausgenommen
  Abgesetzt müssen Sie wissen
  von den Senatoren verjagt
  nach Dinkelsbühl
  Früher oder später
  werden alle Schauspieldirektoren verjagt
  Aus dieser grauenhaften Stadt Lübeck
  Alle diese am Meer gelegenen Städte stinken
  aber in Lübeck stinkt es am mitleidlosesten
  [...]
  Ich bin aus Lübeck verjagt worden
  seitdem hasse ich Lübeck
  Die Heimatstadt
  Ich habe mich dreißig Jahre geweigert
  in einem klassischen Stück aufzutreten
  Den Lear hätte ich gespielt

mit dem Lear ist es etwas anderes
Dadurch bin ich naturgemäß heruntergekommen
dreißig Jahre Dinkelsbühl
Selbstjustiz meine Dame
Ich habe nichts als diesen Koffer
[...]
Die Stadt Lübeck ist vertragsbrüchig geworden
Die Stadt Lübeck hat mich auf dem Gewissen
Die Heimatstadt hat ihre Söhne auf dem Gewissen
Der Geburtsort ist der Mörder des Menschen
[...]
Ich hatte einen Bruder
er ist in Lübeck begraben
jedes Jahr bin ich
an das Grab gegangen
an die Stelle
wo er begraben ist
Jetzt dreißig Jahre nicht mehr
plötzlich aufgebracht
Man hat mich aus Lübeck verjagt
endgültig
für immer

Ludwigshafen

ER *sitzt in einem schäbigen alten Schlafrock auf dem*
Fenstersessel
Gehorsam gewesen
aufmerksam
bereitwillig
Wir stürzten direkt
in die Katastrophe hinein
aber wir überlebten
Fehler gemacht naturgemäß
Ein Jahr Ludwigshafen
das erniedrigte dich
das hätte dir beinahe den Kopf gekostet

Lüttich

MINETTI
  Was war dein Vater
MÄDCHEN
  Eisenbahnmaschinist
MINETTI
  Eisenbahnmaschinist
  Wo
MÄDCHEN
  In Lüttich
MINETTI
  In Lüttich
  in dieser häßlichen Stadt Lüttich
  mein armes Kind
  setzt sich zum Mädchen auf das Sofa
  da bist du eines Tages davon
MÄDCHEN *nickt*
MINETTI
  Du hast recht gehandelt
  Wo man her ist
  muß man so bald als möglich weg
  weil man sonst zugrunde geht

Mattighofen

BRUSCON
  Wie üblich um halbsechs
  Das ist kein Problem
  In Mattighofen wurden die Schweine
  wegen eines Todesfalls wie uns gesagt worden war
  um halbneun gefüttert
  und zergrunzten alles
  das Schweinegrunzen ruinierte das ganze Stück
  Wir hatten es zuerst abbrechen wollen
  aber dann hatten wir uns entschlossen
  es weiter zu spielen
  Auf dem Höhepunkt ist es uns durch das
                              Schweinegrunzen
  vernichtet worden
  Ehrlich gesagt es war mir gleichgültig
  in Mattighofen hatte ich nicht unbedingt ein
                              Sendungsbewußtsein
  Ich glaube die Leute gingen dort nur in unser Theater
  um sich abzukühlen
  weil es so schwül war wie heute hier
  Eine gekürzte Fassung in Mattighofen
  Die Einsteinszene gestrichen
  alles was über die Atombombe in meinem Stück gesagt
                              wird
  allerdings Entscheidendes
  in Mattighofen ist es auch ohne diese Szene gegangen
  übrigens habe ich dort die Szene

in welcher Napoleon sich über den König von Sachsen
                              lustig macht
auch weggelassen

Meran

MARIA
    Wo Meran so teuer is
    nix is so teuer wia Meran
    und die Italiener mag i a net
    dös Gsindl
    dö reißn da ja zu da Handtaschn
    a no den Kopf aba
    Mitn Auto fahrat i scho gar net hin
    und mit n Zug is z teuer
    Und wo dö allwei streikn
    dö tan ja nix dö fauln Hund
    I mag Meran überhaupt net
    i mag dö Italiener net
    und die Meraner schon gar net

Montreux

WELTVERBESSERER
    Ich habe mich am Genfersee immer gelangweilt
    Montreux ist ein kaltes Loch
    in welchem sich jeder dritte den Tod holt
    In der Schweiz fühle ich mich immer
    wie in die Falle gelockt
    Mir ist die Schweiz widerwärtig

München

Ohlsdorf
12. 4. 73

Lieber Herr Doktor Unseld,
am Montag habe ich in den Münchner Kammerspielen die hundsgemeine Hinschlachtung eines meiner Theaterstücke erleben müssen, gerade den brutalen stumpfsinnigen Mord an jener Arbeit, die sich »Der Ignorant und der Wahnsinnige« betitelt und zu den schwierigsten Stücken auf dem Theater überhaupt zu zählen ist; und gerade dieses Kunststück hat der Verlag völlig bedenkenlos einer Bühne zur Aufführung gegeben, die niemals die Voraussetzungen hat, eines meiner Stücke auch nur akzeptabel herauszubringen, einem Dramaturgenteam, das aus Idioten, tatsächlich aus ordinären Provinzidioten besteht und einer Schauspielergarnitur, die in Sankt Pölten oder in der Kurstadt Baden bei Wien sich austoben kann an einer Lehároperette, nicht aber und niemals auf eine meiner Arbeiten losgelassen werden hätte dürfen. Einem Regisseur hat der Verlag mein Stück »anvertraut«, der noch niemals in seinem Leben vorher eine Regie gemacht hat, wo es für meine Theaterstücke die besten, diese Handvoll erstklassiger Regisseure schon schwer haben und sich wahrscheinlich gut überlegen werden, ob sie sich mit meiner Arbeit beschäftigen. Der Vorhang ist aufgegangen und die darauf folgende Katastrophe ist mir klar gewesen. So müsste es, wäre es möglich gewesen, Beethoven empfunden haben, wäre er unversehens in die Aufführung seiner Neunten oder Siebten in den Wiener

Musikverein hineingeraten, in welchem eine unterbesetzte
Polizeimusikkapelle spielt. Die Münchner Vorstellung
hatte nicht einmal den Rang einer Maturaaufführung
und wäre es nicht gegen das betrogene und zwar
hundsgemein betrogene Publikum gewesen, wäre ich
auf die Bühne und hätte diese niederträchtigen Lemuren
von grössenwahnsinnigen Schauspielern eigenhändig
umgebracht, nicht ohne vorher dem sogenannten
Regisseur tödliche Ohrfeigen versetzt zu haben. Dieses
deutsche Theater, lieber Doktor Unseld, nimmt doch das
Maul bis zur Ungeheuerlichkeit voll, während es doch nicht
das geringste Hirn hat. Für mich hatte diese Aufführung,
nach welcher ich wie vom Stumpfsinn getroffen nachhause
gefahren bin, aber einen entscheidenden Vorteil: mit
grösstem Recht verlange ich ab sofort den Abbruch der
Praktik, mit welcher der Verlag meine Theaterarbeit
behandelt. Und das heisst konsequent folgendes: der
Verlag hat keiner einzigen, gleich welcher Bühne ab sofort
mehr das Recht zur Aufführung eines meiner Stücke zu
geben. Es haben ab sofort überhaupt keine Verhandlungen
mehr, meine Stücke betreffend, mit Theatern oder mit
Theaterleuten [[mehr]] stattzufinden. Bis wir beide,
wenn überhaupt noch möglich, eine neue und für mich
mögliche Basis gefunden haben, ruht meine Theaterarbeit
im Suhrkampverlag. Und diese Forderung meinerseits
bitte ich wörtlich zu nehmen, sie ist mir vollkommen
ernst und ich verwahre mich schon jetzt gegen eine
andere als die wörtliche Auslegung dieser Forderung.
Die Begründung ist, dass der Verlag völlig bedenkenlos,
wie ich annehmen muss nur aus finanziellen Gründen,
gleich welchen Theaterunternehmungen meine Arbeit zur

Ausschlachtung überlässt. Diese Münchner Aufführung ist ein Beweis. Hier hat der Verlag einem Anfänger als vollkommenen Dilettanten mein Stück überlassen, einem miserablen Theater und einem provinziellen Team, das nicht einen einzigen meiner Sätze verstehen kann. Er hat sich um diese Aufführung überhaupt nicht gekümmert und Schuld an dieser Katastrophe. [...] Dies ist nicht die erste unappetitliche Katastrophe mit meinen Stücken, ich erinnere nur an Zürich, an Krefeld, an den »Boris« in München. Und dabei bin ich bei einer Bemerkung in Ihrem letzten Brief, die im Grunde eine Verleumdung meinerseits darstellt, in dem Sie schreiben, ich hätte, meine Stücke betreffend, nur die Tausender im Kopf, nicht aber, dass von meiner Arbeit »von einem meiner Wörter« ein Mensch »getroffen« werden könne. Hier liegt ein entscheidender Irrtum vor, der nur dadurch entstehen hat können, dass Sie meinen Brief an dieser Stelle nicht deutlich genug oder absichtlich falsch gelesen haben. Ich schrieb, kleine Theater bedeuteten kleine Schauspieler, und das ganze Theater empfinde ich als heillosen Dilettantismus, deshalb wehre ich mich, meine Stücke überall aufführen zu lassen. Erstens, muss ich sagen, ist es mir nicht nur vollkommen gleich, sondern nichts als widerlich, wenn irgendein Herr Maier oder eine Hubersche Hausfrau in Flensburg oder in Ingolstadt oder in Düsseldorf oder München oder Hamburg (lauter Provinzen, lieber Doktor Unseld) von einem meiner Wörter getroffen werden sollte, denn das hiesse ja, nichts von meiner Arbeit, aber auch schon gar nichts von meiner Arbeit kapieren. Nicht getroffen soll irgendein Mensch von meiner Arbeit sein, sondern meine Arbeit soll völlig unbillig als Kunstwerk erkannt

werden. Was wohl nur an einer erstklassigen Bühne mit
ganz und gar erstklassigen Leuten möglich ist. Darüber
zu diskutieren hiesse Butter aus Erdäpfeln machen
wollen. Auf diese Beschäftigung haben sich aber leider die
Deutschen allzusehr spezialisiert. Das muss man sagen.
[...]
Ich könnte noch viel schreiben, aber es nähme doch die
Ausmasse einer generellen Anklage an. Das verweigere ich
mir aber. Und es nützt nichts. Mir wäre es recht, wenn wir
Ende Juni zu einem Gespräch zusammenkommen können.
An einem neutralen Ort hier im Umkreis. Vielleicht haben
wir noch die Möglichkeit neu anzufangen. Das Alte ist tot
und ich will damit nichts mehr zu tun haben.
Dieser Brief fällt mir natürlich nicht leicht, aber er musste
geschrieben werden. Er bezeichnet einen Endpunkt. Den
Anfang müssten Sie machen.

Herzlich Ihr
Thomas Bernhard

Ohlsdorf
29. 11. 78

Lieber Siegfried Unseld,
der 23. November, der letzte Donnerstag, wird mir in
Erinnerung bleiben. Es war (und ist!) beschämend. Was
mich betrifft, ist es deprimierend, jetzt auch nur an
Deutschland zu denken. Wenn Sie selbst nicht Zeuge
gewesen wären, müsste ich die Vorfälle in der Münchner
Aula rekapitulieren, ich habe eine erschreckende
Erfahrung mehr gemacht, die nicht bagatellisiert werden

darf, wenn ich mein Leben und meine Existenz ernst nehme und wenn ich auch die Gesellschaft, in welcher zu existieren ich gezwungen bin, ernst nehme.

Das Recht jedenfalls, von welchem in Deutschland gerade heute soviel gesprochen wird, ist an diesem Abend auf den Kopf geschlagen worden und es geht nicht nur um mein ganz persönliches Recht, sondern auch um das von Hunderten von anderen Menschen, die an diesem Abend von einer gemeinen und niederträchtigen Minderheit, sie mag sich selbst bezeichnen als was immer, eines besseren und das heisst, abstossenden Demokratieverständnisses belehrt worden sind.

Ganz abgesehen davon, dass ich schliesslich als Ausländer und eingeladener Gast der Stadt München in der Universität aufgetreten bin.

Ich glaube, der Schritt von der gewalttätigen Behinderung einer (in diesem Falle meiner) mit dem umgekehrten Gastrecht geohrfeigten Person – und die Unterdrückung war ja mehr oder weniger eine brutal-physische, wie Sie gesehen haben – bis zur Vernichtung dieser Person (und ihrer Arbeit), ist kurz. Dagegen wäre ja die Bücherverbrennung ein geradezu symbolischer Akt.

Je mehr ich über die Vorfälle nachdenke, desto unheimlicher sind sie mir, wenn sie auch nichts anderes sind, als eine Bestätigung meiner Schriften.

So erschreckend diese Vorfälle im Hause der Geschwister Scholl für mich waren und sind, viel erschreckender ist mir die Tatsache, dass ich mich in meinem Erschrecken, alleingelassen fühle. Die deutsche Wirklichkeit ist viel brutaler und gemeiner als der wenn auch aufmerksame Beobachter als Schriftsteller, glaubt.

Wie die »Abendzeitung« schreibt, habe Herr Kroetz, auf
den letztenendes diese Vorfälle des 23. zurückzuführen
waren, ein paar Tage nach dem 23. einen Auftritt in einem
Münchner Kabarett gehabt. Er habe in diesem Kabarett,
der Münchner »Lach & und Schiessgesellschaft« gesagt, er
»habe seinen Leuten nicht erlaubt, die Bernhard-Vorlesung
kaputt zu machen«. Seine Leute haben sich aber nicht
an den Befehl von Kroetz gehalten. Herr Kroetz hat, laut
»Abendzeitung«, begeisterte Lachstürme geerntet. Herr
Kroetz und seine Leute erinnern mich an die Münchner
Nazis.
Die deutsche Schizophrenie ist eine
Jahrhundertgeisteskrankheit. Zuerst habe ich mir gedacht,
du musst es nicht ernst und leicht nehmen. Jetzt habe ich
es aber ernst und schwer nehmen müssen.
Ich habe mich sehr über Ihre Anwesenheit gefreut.

Sehr herzlich Ihr
Thomas Bernhard

Frankfurt am Main
1. Dezember 1978

Lieber Thomas Bernhard,
ich habe Ihren Brief vom 29. November erhalten, vielen
Dank. Ihre Reaktion verstehe ich, auch daß Sie hierin eine
Bestätigung Ihrer Schriften finden. Was Sie erfahren haben,
ist in der Tat deutsche Wirklichkeit, und sie ist – wie Sie
sagen – brutal und gemein. Aber, lieber Thomas Bernhard,
dies ist nicht die gesamte deutsche Wirklichkeit, es ist ein
minimaler Ausschnitt, ein Stein, der freilich zu diesem

Mosaik gehört. Es gibt aber andere Steine, und die sollte man auch sehen.

Was Kroetz betrifft, so hat er eine Art bayerischen Humors, die wirklich nicht jedem einleuchtet. Es kann durchaus stimmen, daß er sagte, er habe »seinen Leuten« nicht erlaubt, Ihre Vorlesung kaputtzumachen. Wenn Sie sich erinnern, die erste Dame, die da las, sie gehörte dem Kroetzschen Spartakus an. Die anderen »Redner« aber waren rivalisierende linke Gruppen, insbesondere der Kommunistische Bund Westdeutschland, der mit dem Spartakusbund in Feindschaft steht. Wir sollten in diesem Punkt also doch differenzieren.

Und noch etwas: Sie wissen, wie sehr ich den Vorgang verurteilte und ihn als beschämend bewertete, und ich habe daran auch den Agierenden gegenüber keinen Zweifel gelassen, auch dies haben Sie gehört, aber der Angriff ging nicht gegen Sie persönlich, er hätte jeden betroffen, der an diesem Abend gelesen hätte – ob Koeppen – Struck – Frisch oder Lars Gustafsson. Diese Leute waren zum Zerstören entschlossen. Das macht freilich das Ganze nicht besser. Für mich war es selbstverständlich, an Ihrer Seite zu sein, und Sie sollten mich auch weiterhin an Ihrer Seite wissen.

Herzliche Grüße
Ihr
[Dr. Siegfried Unseld]

Ein schrecklicher Zustand

Zu einem politischen Skandal kam es Donnerstag nacht bei einer Lesung des österreichischen Autors Thomas Bernhard in der Universität München: Protestierende Studenten sprengten die Veranstaltung des Kulturreferats. Sie gehörten zu zwei voneinander unabhängigen Gruppen. Die einen waren empört, weil die Uni-Verwaltung eine Kundgebung gegen den Faschismus im Iran verboten hatte, die andren, weil eine zunächst erlaubte Uni-Lesung des Autors Franz Xaver Kroetz in letzter Minute doch wieder verhindert wurde.

Uni-Rektor Lobkowicz hatte ihn persönlich eingeladen, und so kam Franz Xaver Kroetz, um aus seinem neuen Stück zu lesen und über das Thema »Realismus in der Literatur« zu diskutieren. Doch kaum war er da, wurde er mitsamt seinem studentischen Publikum des Hauses verwiesen. Obwohl der Veranstalter nicht mehr der Marxistische Studentenbund Spartakus war, der vom Kultusministerium Raumverbot in der Uni hat (die AZ berichtete), sondern der Fachbereichsrat Germanistik, wurde die Veranstaltung von der Uni verboten, weil sie mit der ursprünglich geplanten identisch schien.

Die Einstweilige Verfügung, mit der der Spartakus einen Raum erzwingen wollte, war denn auch vom Verwaltungsgericht abgewiesen worden. Begründung: »Das Thema ›Realismus in der Literatur‹ ist kein eigentlich studentisches Anliegen, auch nicht für Germanistikstudenten, dies würde vielmehr dem Vorlesungsstoff verbeamteter Professoren vorbehalten bleiben.«

Als die abgewiesenen Studenten dann in die Aula zu Thomas Bernhard gingen, wollten sie lediglich eine Protestresolution verlesen – doch da waren schon die Kommilitonen, die ihrerseits an einer Iran-Demonstration gehindert worden waren. Ohne daß Bernhard eine halbe Stunde lang überhaupt zu Wort kommen konnte, besetzten die Studenten unter dem Motto »demokratische Grundrechte für alle« das Mikrofon. Nachdem Verleger Unseld handfest angegriffen worden war, Kulturreferent Kolbes Vermittlungsversuch ergebnislos blieb, und Thomas Bernhard einen höhnisch kommentierten Versuch gemacht hatte, seine Position verständlich zu machen, platzte die Veranstaltung.

Dazu Kolbe: »Es war eine schlimme Situation aus zwei Gründen: die linksfaschistische Methode, mit der gegen Thomas Bernhard vorgegangen wurde, und der schreckliche Zustand unserer Universität, der einem schlagartig klar wurde.«

C. Z. (= Carna Zacharias), »AZ«, München, 25./26. November 1978

Thomas Bernhard: Harmonie ist ein Irrtum

Keiner von denen, die Thomas Bernhard das Wort in der Universität verbaten, ahnte, wen sie denn verhindert hatten. Kaum war der von der Ereignissen überraschte Autor durch den Notausgang der Aula entkommen, mußte er sich in Sekundenbruchteilen auf eine ganz andere Lage der Dinge einstellen. Im Treppenhaus war er im Nu von Autogrammjägern umlagert. Eben noch als »beleidigter Dichter« verhöhnt und vertrieben, sollte er sich nun als verehrtes Genie bewähren. Beides, sowohl der schnaubende Hohn als auch die devote Verehrung, sind diesem zu Klarheit des Gedankens entschlossenen Mann seit jeher ein Greuel gewesen.

In seinem autobiografischen Buch »Der Atem« verlangt Bernhard den Rückzug in »Denkbezirke«, um zu einer emotionslosen, das heißt unsentimentalen Sicht der menschlichen Katastrophe zu kommen. Denn als Katastrophe hat er das Dasein immer empfunden, und sein Ausweg ist der Versuch zur Vernunft.

Was ihm an der Münchner Universität widerfuhr, war das Chaos, das er in all seinen Büchern und Theaterstücken beschreibt. In der Beobachtung liegt seine Stärke, im zynischen Witz seine Rettung aus der Verzweiflung. So machte er nach dem Scheitern der Uni-Lesung dem Münchner Kulturreferenten Jürgen Kolbe den Vorschlag, die Sache im Hofbräuhaus, veranstaltet vom Spartakus-Bund, mit Kroetz als Leibwächter zu wiederholen. Die Bitterkeit ist Bernhards Überlebens-Haltung.

Denn ein goetheanischer Dichterfürst, zu dem ihn ein aufgebrachter Studentenklüngel abstempeln wollte, ist er niemals gewesen. Im Gegenteil. Bernhard hätte diesen Leuten, wäre er nur zum Reden gekommen, durchaus etwas zu sagen gehabt. Er ist voriges Jahr in Persien gewesen. In seinem letzten Buch »Der Stimmenimitator« hat er den politischen Unfug hier wie dort mit sprachlicher Schärfe gegeißelt. Als er daraus vorlesen wollte, war das Auditorium zum Zuhören nicht mehr bereit.

Bernhard mußte erkennen, daß er sich auf verlorenem Posten bemühte. Aber er hat das, was geschehen war, ja längst formuliert: »Harmonie ist immer und überall Irrtum. Der Mensch befindet sich in einer Wüste.«

Andreas Müller, »AZ«, München, 25./26. November 1978

Neapel

[...] eine Zeitlang auch in Neapel, hatte ich zu Gambetti gesagt, das mir aber schlecht getan hat, es hat ein Klima, das ich nicht vertrage und ist doch die allertiefste Provinz. Das müssen Sie mir verzeihen, hatte ich zu Gambetti gesagt, daß Neapel für mich die allertiefste Provinz ist, ich kann es als nichts anderes bezeichnen, der Blick auf den Vesuv ist für mich eine Katastrophe, weil ihn schon so viele Millionen, möglicherweise Milliarden Male geworfen haben.

Oslo

Ich bin extra nach Oslo gefahren, um mir den Schrei anzuschauen, sagte er, damals, wie der Schrei noch in Oslo gewesen ist. Das heißt nicht, daß ich eine Vorliebe für die skandinavischen Länder hätte, sagte er. Ich hatte dort immer Sehnsucht nach dem Süden, wenigstens nach Deutschland, sagte er. Stockholm, was für eine öde Stadt, ganz zu schweigen von Oslo, enervierend, sagte er, nervenzerstörend. Kopenhagen, nun ja.

Osnabrück

DOMPTEUR *trinkt*
   Seine Tochter
   hättest du sehen sollen
   eine Schönheit
   sie war ganz verstümmelt
   Vorher hatte ihr Vater
   sie noch die Übung Wie verneigt man sich
   üben lassen
   vierzehnmal
   wie er diese Übung
   ja auch seine Enkelin
   vierzehnmal
   machen läßt
   Sie hat einen Fehler gemacht
   verstehst du
   Das Schlüsselbein
   steckte ihr in der Schläfe
   zeigt es
SPASSMACHER *macht es nach*
   In der Schläfe
DOMPTEUR
   Begräbnis dritter Klasse
   so liebt der Vater die Tochter
   daß die dann verscharrt wird
   schon ein Jahr später
   wußte kein Mensch mehr
   wo

er suchte sie vergeblich
auf dem Friedhof
Seither fährt er nicht mehr
nach Osnabrück
Osnabrück nicht mehr

Paris

Ich finde Paris abscheulich
alle Welt will nach Paris
für mich war Paris immer die häßlichste Stadt die ich
kenne
eine verstaubte Wüste
sie sehen alle ein Paris
das es gar nicht gibt
lieber sterben als in Paris leben
Die Heimat ist etwas Schönes
Aber alle wollen nach Paris
weil es seit zweihundert Jahren Mode ist

Passau

Einmal sei er mit der Schwester nach Passau gefahren, weil sein Vater ihm eingeredet habe, Passau sei eine schöne Stadt, eine erholsame Stadt, eine außergewöhnliche Stadt, aber schon als sie in Passau ankamen, hatten sie gesehen, daß es sich bei Passau um eine der häßlichsten Städte überhaupt handle, um eine Salzburg nacheifernde Stadt, die vor Hilflosigkeit und Häßlichkeit und widerwärtiger Plumpheit strotzende Stadt, die sich in perverser Hochmütigkeit Dreiflüssestadt nennt. Sie seien nur ein kurzes Stück in diese Dreiflüssestadt hineingegangen und hätten bald wieder umgedreht und wären, weil binnen Stunden kein Zug nach Wien zurückgefahren sei, mit einem Taxi nach Wien zurückgefahren. Nach diesem Passauerlebnis hätten sie alle Reisevorhaben aufgegeben auf Jahre, dachte ich. Habe die Schwester einen Reisewunsch vorgebracht in den folgenden Jahren, habe Wertheimer zu ihr nur gesagt: *denke an Passau!* und damit jede Reisedebatte zwischen ihm und seiner Schwester schon im Keim erstickt.

Regensburg

Die Verleihung [der Ehrengabe des Kulturkreises des Bundesverbandes der Deutschen Industrie] sollte im Herbst stattfinden, ob im September oder Oktober, weiß ich nicht mehr. Jedenfalls war ich nur zwei oder drei Tage aus dem Krankenhaus entlassen, als ich nach Regensburg fuhr, wo man im Rathaus die Verleihung vorzunehmen gedachte. Mit mir erhielt damals die Dichterin Elisabeth Borchers die Ehrengabe. Ich fuhr auf schwachen Beinen und mit einer kleinen Umhängetasche meines Großvaters nach Regensburg. Ich dachte auf dieser Regensburgreise ununterbrochen an die achttausend Mark, an die riesige Summe, die ich erhalten sollte, während ich donauaufwärts fuhr. Ich träumte mit geschlossenen Augen von den achttausend Mark und malte es mir schön aus, das Regensburg, das mich erwartete. Ich sollte im Hotel Thurn und Taxis absteigen, also an einer berühmten Adresse. Meine Gebrechlichkeit ließ mich auf der ganzen Fahrt immer wieder am Abteilfenster einnicken, die Donau, die Gotik, die deutschen Kaiser, dachte ich immer wieder, aber jedesmal wenn ich von meinem Einnicken aufwachte doch zuallererst an die achttausend Mark. Ich kannte Herrn Rudolf de le Roi, den Sprecher des Kulturkreises des Bundesverbandes der Deutschen Industrie, der mir die Ehrengabe verschafft hatte, nicht. Wahrscheinlich, so dachte ich, weiß er von meiner Krankheit und hat mir wegen dieser Krankheit die Ehrengabe zugeschanzt. Dieser Gedanke war ein Abstrich, denn ich hätte die Ehrengabe gern für *Verstörung* oder für *Frost* bekommen, nicht für den *Morbus Boeck*. Aber ich durfte nicht grübeln, ich verbot es mir, diese Ehrengabe noch bevor ich sie bekommen habe, zu entwerten. Doderer und Gütersloh haben vor dir diese Ehrengabe bekommen, dachte ich, Schriftstellergrößen, die ihren Stellenwert hatten, wenn ich selbst zu diesen beiden Berühmtheiten auch keinerlei Zugang hatte und haben konnte. Vor drei Tagen noch im Krankenbett, jetzt schon auf der Reise nach Regensburg, wo die Gotik auf dich wartet, dachte ich. Die Donau wurde immer noch schmäler, die Landschaft wurde immer noch lieblicher, schließlich, wo sie aufeinmal wieder öd geworden war und grau und fade, war Regensburg. Ich stieg aus und ging sofort in das Hotel Thurn und Taxis. Es war wirklich ein Hotel erster Klasse für eine Stadt wie Regensburg. Mir gefiel es und tatsächlich hatte ich mich in dem Hotel sofort wohl gefühlt, war ich doch von Anfang an nicht allein gewesen, sondern in Gesellschaft der Elisabeth Borchers, die ich schon einmal in Luxemburg getroffen hatte, auf einem der vielen sogenannten Dichtertreffen, auf die ich um die zwanzig herum mit meinen Gedichten gereist bin. So war gar nicht die Langeweile aufgekommen, die mich sonst immer in allen Hotels auf der ganzen Welt befällt, wenn ich allein in ihnen ankomme. Ich wußte, die Borchers ist eine intelligente Person und eine charmante Dame und ihr Ruf bei mir bestätigte sich auf das vortrefflichste. Wir schlenderten durch die Stadt, lachten ausgelassen und nutzten die Gelegenheit, ungezwungen einen Abend genießen zu können. Natürlich war es nicht spät geworden, meine Krankheit hatte mich bald in mein Bett geworfen. Am nächsten Tag lernte ich Herrn Rudolf de le Roi kennen und den *Akzente*-Herausgeber Hans Bender, der, wie ich annehme, über die Vergabe der Ehrengabe mitbestimmte. Ich besitze noch eine Fotografie mit Borchers und Bender an einem Regensburger gotischen Brunnen. Die Stadt gefiel mir nicht, sie ist kalt und abstoßend und hätte ich nicht die Borchers gehabt und die achttausend Mark in Aussicht, ich wäre wahrscheinlich in der ersten Stunde wieder abgefahren. Wie hasse ich diese mittelgroßen Städte mit ihren berühmten Baudenkmälern, von welchen sich ihre Bewohner lebenslänglich verunstalten lassen. Kirchen und enge Gassen, in welchen immer stumpfsinniger werdende Menschen dahinvegetieren. Salzburg, Augsburg, Regensburg, Würzburg, ich hasse sie alle, weil in ihnen jahrhundertelang der Stumpfsinn warmgestellt ist.

Salzburg

In der Altstadt hatte alles lähmend auf uns gewirkt, die Luft war nicht einzuatmen, die Menschen waren nicht auszuhalten, die Mauerfeuchtigkeit hatte uns und unseren Instrumenten zugesetzt. Überhaupt hatten wir den Horowitzkurs nur deshalb fortsetzen können, weil wir aus der Stadt ausgezogen sind, die im Grunde die kunst- und geistfeindlichste ist, die man sich denken kann, ein stumpfsinniges Provinznest mit dummen Menschen und kalten Mauern, in welchen mit der Zeit alles zum Stumpfsinn gemacht wird, ausnahmslos. Es ist unsere Rettung gewesen, unsere Habseligkeiten zu packen und nach Leopoldskron hinauszuziehen, das damals noch eine grüne Wiese war, auf welcher die Kühe weideten und Hunderttausende von Vögeln Heimat hatten. Die Stadt Salzburg selbst, die heute, bis in die kleinsten Winkel hinein frisch gestrichen, noch viel scheußlicher ist als damals vor achtundzwanzig Jahren, war und ist gegen alles in einem Menschen und vernichtet es mit der Zeit, das hatten wir sofort erkannt und waren aus ihr weg nach Leopoldskron. Die Salzburger waren immer fürchterlich wie ihr Klima und komme ich heute in diese Stadt, bestätigt sich nicht nur mein Urteil, es ist alles noch viel fürchterlicher. Aber gerade in dieser geist- und kunstfeindlichen Stadt bei Horowitz zu studieren, war sicher der größte Vorteil. Ist die Umgebung, in welcher wir studieren, uns feindlich gesinnt, so studieren wir besser, als in einer solchen uns freundlich gesinnten, der Studierende tut immer gut daran, einen Studienort zu wählen, der ihm feindlich gesinnt ist, keinen, der ihm freundlich gesinnt ist, denn der ihm freundlich gesinnte Ort nimmt ihm einen Großteil der Konzentration auf das Studium, der ihm feindlich gesinnte dagegen ermöglicht ihm ein hundertprozentiges Studium, weil er sich auf dieses Studium konzentrieren *muß*, um nicht zu verzweifeln, insofern ist Salzburg wahrscheinlich wie alle anderen sogenannten schönen Städte für ein Studium absolut zu empfehlen, allerdings nur für einen starken Charakter, ein schwacher geht unweigerlich in der kürzesten Zeit zugrunde. Drei Tage sei Glenn *in den Zauber* dieser Stadt vernarrt gewesen, dann habe er plötzlich gesehen, daß dieser Zauber, wie gesagt wird, ein fauler sei, daß diese Schönheit im Grunde abstoßend ist und die Menschen in dieser abstoßenden Schönheit gemein seien. Das Voralpenklima macht gemütskranke Menschen, die schon sehr früh dem Stumpfsinn anheim fallen und die *mit der Zeit bösartig* werden, sagte ich. Wer hier lebt, weiß das, wenn er ehrlich ist, wer hierher kommt, sieht es nach kurzer Zeit und er muß, bevor es für ihn zu spät ist, wieder weggehen, will er nicht werden, wie diese stumpfsinnigen Bewohner, wie diese gemütskranken Salzburger, die mit ihrem Stumpfsinn alles abtöten, das noch nicht so ist wie sie selbst. Zuerst habe er gedacht, wie schön es sei, hier aufzuwachsen, aber schon zwei, drei Tage nach seiner Ankunft erschien es ihm als ein Alptraum, hier hereingeboren zu werden und aufzuwachsen, erwachsenwerden zu müssen. Dieses Klima und diese Mauern töten die Sensibilität ab, sagte er.

In schwergeschädigtem Zustand, wie Sie sagen würden, setzte ich mich schließlich, nachdem ich mehrere Male durch dieses häßliche und gemeine und dumme Österreich gelaufen war, auf meine atemlose Art, müssen Sie wissen, auf einen Konglomeratblock auf dem Salzburger Haunsberg, von wo ich auf die von ihren Bewohnern total abgestumpfte und von den Architekten, Ihren Kollegen, total vernichtete, aber noch immer in ihrem perversen Größenwahn schmorende Stadt Salzburg hinunterschaute. Was haben die österreichischen Menschen in nur vierzig oder fünfzig Jahren aus diesem europäischen Juwel gemacht?, dachte ich, auf dem Konglomeratblock sitzend. Eine einzige Architekturscheußlichkeit, in welcher die Salzburger als katholische und nationalsozialistische Juden- und Ausländerhasser in ihrer schauerlichen Leder- und Lodentracht zu Zehntausenden hin- und herrannten.

Anfrage im Landtag

Auffallend sei, daß die Schüler, die in Salzburg Selbstmord begehen, aus den sogenannten bürgerlichen Kreisen kommen, hatte ein Landtagsabgeordneter vor dem Salzburger Landtag ausgesagt, nachdem auf dem Landtag zur Sprache gekommen war, daß die Zahl der Schüler, die sich im Vorjahr in Salzburg umgebracht und das heißt, von einem der Stadtberge gestürzt haben oder in die Salzach gegangen sind, sich gegenüber dem Vorjahr verdoppelt hat. Bekanntlich hat Salzburg die höchste Selbstmordrate unter den Schülern in der ganzen Welt. Je höher die Schönheit einer Stadt einzuschätzen sei, so der Abgeordnete, desto höher sei ihre Selbstmordrate, nicht, wie bisher angenommen worden ist, umgekehrt. Es sei die Frage, wie dem Problem des Schülerselbstmords in Salzburg, das zu einem der dringlichsten geworden sei und sich auch schon in der ganzen erstaunten Welt herumgesprochen habe, von behördlicher Seite zu begegnen sei. Er, ein sozialistischer Abgeordneter, frage sich jetzt, nachdem sich in der Vorwoche der vierzehnjährige Sohn eines bei der Stadt angestellten Gartenarbeiters von der sogenannten Humboldtterrasse in die Tiefe gestürzt hat und vollkommen zerschmettert liegen geblieben ist, ob dieser Vorfall nicht ein Beweis dafür sei, daß die Arbeiterklasse jetzt schon zum Bürgerstand aufgestiegen und möglicherweise überhaupt schon längere Zeit, wenn auch noch nicht offiziell, dem Bürgertum zuzurechnen sei.

Je schöner eine Stadt ihrem Anschein nach ist, desto verblüffender ist ihr wirkliches Gesicht, das sie unter der Fassade verbirgt. Gehen Sie in irgendein Restaurant in Salzburg. Auf den ersten Blick haben Sie den Eindruck: lauter brave Leute. Hören Sie Ihren Tischnachbarn aber zu, entdecken Sie, daß sie nur von Ausrottung und Gaskammern träumen. Ich werde Ihnen eine herrliche Anekdote erzählen. Kurz nach Erscheinen der *Ursache* hat mich der deutsche Kritiker Jean Améry eines Tages beiseite genommen: »Du kannst über Salzburg nicht so reden. Du vergißt, es ist eine der schönsten Städte der Welt.« Einige Wochen später, als ich gerade seine Kritik über mein Buch im *Merkur* gelesen hatte und noch voller Wut war, weil er absolut nichts begriffen hatte, hörte ich im Fernsehen eine Meldung: Améry hatte sich am Vortag umgebracht, und ausgerechnet in Salzburg. Das ist kein Zufall. Gestern noch haben sich drei Menschen in die Salzach geworfen. Man sagte, es war der Föhn. Aber ich weiß, daß in dieser Stadt etwas körperlich auf den Menschen lastet und sie schließlich zerstört.

Sankt Radegund

BRUSCON *zum Wirt direkt*
    Kennen Sie Sankt Radegund
    Wo ist es
WIRT
    Zehn Kilometer weiter
BRUSCON
    Zehn Kilometer
    tatsächlich
    das dachte ich
    Zehn Kilometer sagen Sie
WIRT
    Zehn Kilometer
BRUSCON
  Da bin ich niedergeschlagen worden
  neunzehnhundertvierundvierzig
  von einem Fleischergehilfen
  der mich mit einem Wachszieher verwechselt hat
  der angeblich aus Mattighofen stammte
  Davon habe ich heute noch
  diese Schulterschmerzen
  die mir meine auch ohne diesen Zwischenfall
  schon ziemlich schwierige Existenz verleiden
  Vierzig Jahre liegt dieses Verbrechen zurück

Schwarzach

Ich denke an Schwarzach. Was gibt es da? Häuser, Zinshäuser, eine Kirche. Und das Spital. Zwei Friseure machen sich dort Konkurrenz. Ein Wasserfall schneidet den Ort auseinander. Man sieht, wie in Weng auch, viel schwangere Frauen. Weniger Arbeiter, weil keine Industrie dort ist. Aber genausoviel Eisenbahner. Postler. Alle Augenblicke ein Eisenbahnerringen, ein Eisenbahnerschießen, ein Eisenbahnerschispringen, ein Eisenbahnerschwimmen. Den Perchtenlauf: schaurige Masken, mit Hörnern und Zöpfen, verdrehten Nasen und Ohren und ausgefallenen Zähnen, zerschnittenen Zungen, werden von ihren Trägern, Holzknechten, Metzgerburschen, jungen Melkern, auf die Zuschauer gehetzt, rempeln alte Leute um, schlagen Kinder nieder und kommen, weil das schon ein jahrhundertealter Brauch ist, vor kein Gericht. Schwere Gewitter und nachfolgende Erdrutsche verändern dauernd den Ort. In den Häusern herrscht ja dieselbe Öde wie in allen Häusern. Lauter Männer mit schwarzen, bis zum Hals zugeknöpften Röcken stehen herum, sitzen herum, schauen in den Wasserfall, schimpfen fortwährend gegen die Unarten ihrer Frauen. In der Frühe die ›wilden‹ Arbeiter. Ohrenbetäubendes Tosen, daß man die Fenster zumachen muß ... Auch Theatergruppen kommen. Die Luft ist feucht, und die Kinder sind rachitisch, alle kränkeln am Rippenfell, in den Bronchien. Das Wasser ist, kein Mensch weiß, warum, die Ursache vieler Krankheiten im Ort.

Traunstein

Traunstein unten liegt auf einem Moränenhügel, aber Ettendorf liegt noch viel höher, sozusagen vom Berg der Weisheit blickte man auf die Niederungen des Kleinbürgertums hinunter, in welchem, wie mein Großvater zu sagen nicht müde wurde, der Katholizismus sein stumpfsinniges Szepter schwang. Was unterhalb Ettendorf lag, war nur die Verachtung wert. Der kleine Geschäftsgeist, der Kleingeist überhaupt, die Gemeinheit und die Dummheit. Blöd wie die Schafe scharen sich die Kleinkrämer um die Kirche und blöken sich tagaus, tagein zutode. Nichts sei ekelerregender als die Kleinstadt, und genau die Sorte wie Traunstein sei die abscheulichste. Ein paar Schritte in diese Stadt hinein, und man sei schon beschmutzt, ein paar Wörter mit einem ihrer Einwohner gesprochen, und man müsse erbrechen.

Maiandacht
Ein Volksstück als wahre Begebenheit
(Meiner Kindheitsstadt Traunstein gewidmet)

Oberbayerischer Kirchenvorplatz mit Friedhof. Portal in der Mitte. Orgeldröhnen, während die letzten Andächtigen in der Feiertagstracht die Kirche verlassen und nach rechts und links abgehen. Glockengeläute, wenn die Nachbarinnen aus dem Portal treten.
ERSTE NACHBARIN *mit Gebetbuch zur zweiten*

Sche habns gspuit gelt

ZWEITE NACHBARIN *mit Gebetbuch*

Ja sche
de spuin allwei sche
jetz wo de Jungen da san
spuins nu schena
I hörs gern
Meerstern ich dich grüße
Ja mei
wia des nu mei Vata gsunga hat
und wia mei Muatta nu mitgsunga hat
und wia mei Bruada nu mitgsunga hat
Aba de Zeit bleibt net stehn
des is a so
schaut gegen den Himmel
das Glockengeläute hat aufgehört
I moan es kommt a Regn
moanan S net
daß a Regn kommt

ERSTE NACHBARIN

Ja
schaut auch gegen den Himmel
Dat net schadn
Ois vui z trockn
Aba da Herrgott macht scho alls wieda richtig

ZWEITE NACHBARIN

Da habn S recht
der hat nu alls ins Lot bracht
Kennan S eahna erinnern
wia sie mei Vata an Fuaß brocha hat
und wia a ins Krankenhaus der Barmherzigen Brüada

eigliefert wordn ist
da habns alle gsagt
der geht nimma
der wird nimma
Und der Primar hat eahm an Fuaß abnehma wolln
kennan S eahna nu erinnern

ERSTE NACHBARIN
Ja freilich

ZWEITE NACHBARIN
Wias eahm glei an Fuaß abnehma habn wolln
Und dann is a nu zwanzg Jahr lang glafa
Und besser als vorher

ERSTE NACHBARIN
Wia kemman S jetzt auf des

ZWEITE NACHBARIN
Ja mei
i denk dro
weil da Herr Zorneder
scho wieda a Grab aushebt
schaut zum Totengräber Zorneder hinüber, der ein Grab aushebt

ERSTE NACHBARIN
Ja stimmt
da Herr Geißrathner is gstorbn
so überraschend
zsammgfahrn

ZWEITE NACHBARIN
Übern Kopf drüber

ERSTE NACHBARIN
Den ganzn Kopf hats eahm zadruckt

ZWEITE NACHBARIN
    Mei wenn s abglafa is
    is abglafa s Lebn
ERSTE NACHBARIN
    I schau gar net gern zua
ZWEITE NACHBARIN
    Bei was
ERSTE NACHBARIN
    Wann oana eigrabn wird
    Da Herr Geißrathner
    der wo so gsund gwen is
    I siach s net gern
ZWEITE NACHBARIN
    Da Herr Geißrathner hat seiner Tochter
    de wo in Truchtlaching wohnt
    hundertfuchztausend Mark vermacht
    und de woaß no gar net
ERSTE NACHBARIN
    Aso
ZWEITE NACHBARIN
    Und de Wiesn in Laibling drent
ERSTE NACHBARIN
    Dö a
ZWEITE NACHBARIN
    Ja dö a
    und nu an Wald
    aba i woaß net wo
ERSTE NACHBARIN
    Der hat an Haufn Grundstücke ghabt
    Zerscht hat er gar nix ghabt
    und nacha an Haufn Grundstücke

ZWEITE NACHBARIN
   A weng a Spekulant is a gwen
ERSTE NACHBARIN
   Der Herr Geißrathner
ZWEITE NACHBARIN
   A adretter Mensch
   a so a sauberner
ERSTE NACHBARIN
   Der Herr Geißrathner
   Na ja
ZWEITE NACHBARIN
   Is wahr daß n a Türk überfahrn hat
   oder a Jugoslaw
ERSTE NACHBARIN
   Na a Türk
   a junga Türk
   oana von de Türkn
   de was jetzt da umanandlafn
ZWEITE NACHBARIN
   Aba da Herr Geißrathner ist söiba schuld gwesn
ERSTE NACHBARIN
   Da Herr Geißrathner
ZWEITE NACHBARIN
   Da Herr Geißrathner moan i ja
ERSTE NACHBARIN
   Scho der Herr Geißrathner is schuld gwesn
   Aba wann der Türk net vorbeigfahrn war
ZWEITE NACHBARIN
   Wann der net vorbeigfahrn war
ERSTE NACHBARIN
   Wieso is denn der vorbeigfahrn

ZWEITE NACHBARIN
>   Der hätt ja net vorbeifahrn müassn
>   Wia dö alle fahrn dö Türkn
>   Angst kunnst kriegn Angst

ERSTE NACHBARIN
>   Der hat vorbeifahrn müassn
>   wia da Herr Geißrathner den Kübe ausglaart hat

ZWEITE NACHBARIN
>   Da Herr Geißrathner is nausganga mitn Kübe
>   und hat n auslaarn wolln
>   und da is der Türk vorbeigfahrn
>   grad da
>   vui z schnell

ERSTE NACHBARIN
>   De fahrn wia de Teifeln
>   da kannst di glei fürchtn
>   wia dö fahrn
>   dös Gsindl wia dös fahrt
>   aso a armer Mensch der Herr Geißrathner
>   aso a tüchtiger Mensch
>   aso a menschenfreundlicher Mensch
>   heut zu tag komma gar nimma
>   üba d Straßn gehn
>   ohne daß ma Angst habn muaß
>   Aso a schena Mensch

ZWEITE NACHBARIN
>   Den Herrn Geißrathner moanan S

ERSTE NACHBARIN
>   Ja

ZWEITE NACHBARIN
>   Er is no auf an Tanzkurs gange

ERSTE NACHBARIN
    Ja
ZWEITE NACHBARIN
    [...]
    Wia der zu dem Haus in Ingolstadt kemma is
    Vielleicht hat er a a Erbschaft gmacht
    der hat ja so komische Verwandte ghabt
    der Herr Geißrathner
    Nacha hat er allwei gsammelt
    kennan S eahna nu erinnern
    wia a für de Therese von Konnersreuth gsammelt hat
    Und für die Sahelzone
    Jahrelang hat er für die Sahelzone gsammelt
    Und wer woaß wo dös Geld hikemma is
    Sei Schwesta hat si a Pension baut im Kleinen Walsertal
    Wer woaß mit was für an Geld
    vielleicht mit dem Geld für die Sahelzone wer woaß
    Es gibt scho komische Leut
    de zerscht nix ham
    und dann hams aufoamal a Pension
    Eine Frühstückspension
    Aba dö hat si a übanomma
    de is bald gstorbn
    De Frühstückspension hats nur zwoa Jahr ghabt
    dann is gstorbn
    Da Herr Geißrathner is ja a paarmal nach Augsburg gfahrn
    zu einem Anwalt
    Wissen S der hat dunkle Geschäfte gmacht glaub i
    Der war mir immer verdächtig
ERSTE NACHBARIN
    Da is scho was dro

ZWEITE NACHBARIN
 Nachn Kriag hat er nix ghabt
 und nacha hat er so vui ghabt
ERSTE NACHBARIN
 Aber den Altar hat er renovieren lassn
 auf seine Kostn
ZWEITE NACHBARIN
 Ja da habn S recht
 aba mit was füar oan Geld
ERSTE NACHBARIN
 Man soll net allwei so schlecht denga
 I deng net allwei so schlecht vo de Menschn
 Net alle Menschn san schlecht
ZWEITE NACHBARIN
 Aba de meistn
 de meistn san schlecht
 Aba üba kan Dodn soll nix Schlechts gsagt werdn
 [...]
 Der Tod tritt eben jeden an Frau Trutzwall
ERSTE NACHBARIN
 Ja der kennt nix der Tod
ZWEITE NACHBARIN
 Dö Leit sterbn heit wia de Fliagn
 gleich obs auf dö Straßn gengan oder net
 im Bett sterbns und auf da Straßn sterbns
 Aber so a bleda Tod
 daß n a Türk überfahrn muaß
 Eigentlich hätt der eigsperrt ghört
ERSTE NACHBARIN
 Aber der war ja gar net schuld
 Schuld war ja der Herr Geißrathner selber

ZWEITE NACHBARIN
  Ja schon
  aber eingsperrt hätt a doch ghört
  alle dö was da umanandarennan de Türkn und
                                    Jugoslawen
  ghörn eigsperrt
  [...]
  Mehrere Türken kommen ans Friedhofstor und bleiben
    kurz stehen und schauen herein
ZWEITE NACHBARIN
  A so a Gsindl
  da schaugn s a nu eina de Türkn
  aso a Gsindl a gräusligs
  Dö fressn uns alles weg
  Tan nix und fressn uns alles weg
  Und wia dreckig dö san
  dö waschn si ja net amal
  s ganze Jahr waschn si dö net
  Na so was gräusligs
  schaugn Sis nur o dö
ERSTE NACHBARIN
  Aba dö kennan ja nix dafür
  daß der Herr Geißrathner tot is
ZWEITE NACHBARIN
  Dös is wurscht
  dös interessiert mi net
  zur ersten Nachbarin
  vagast ghörns
  vagast
  zum Totengräber Zorneder hinüber
  Dö ghöradn vagast
  alle vo dö ghöratn vagast

ZORNEDER *gräbt ungestört weiter*
 Die Türken nicken und sagen leise Grüßgott und gehen
  weiter
 Die Turmuhr schlägt achtmal
ZWEITE NACHBARIN
 Läus hams
 Wanzn hams
 und frech sans
 und wegfressn tans uns ois
 des Gsindl
 Kinder macha kennans
 aba arbatn tans nix
 ob dös Türkn san oder Jugoslawn
 aso a Gsindl
 vagast ghörns
 alle vagast
ERSTE NACHBARIN
 Regn S eahna doch net so auf Frau Trutzwall
ZWEITE NACHBARIN
 Vagast ghörns alle
 alle
 schreit den Türken nach
 vagast
 Vorhang

Trier

WELTVERBESSERER
Den Anzug
den ich in Trier getragen habe
in Trier
hörst du
in Trier
zu sich
Die Vorbereitung allein
erfordert schon alle Kräfte
auf dem Höhepunkt des Ereignisses
bin ich vollkommen geschwächt
Aber ich darf mich nicht selbst verrückt machen
Kopf hoch
hoch den Kopf
ruft hinaus
Den Anzug den ich in Trier angehabt habe
DIE FRAU *kommt mit einem schwarzgestreiften Anzug herein*
WELTVERBESSERER
Den ich in Trier angehabt habe
DIE FRAU
Den hast du in Trier angehabt
WELTVERBESSERER
Den habe ich in Trier angehabt
den habe ich nicht in Trier angehabt
nicht in Trier
den nicht
den nicht in Trier

DIE FRAU
　Natürlich hast du den in Trier angehabt
WELTVERBESSERER
　In Trier
　in Trier angehabt
　vielleicht hast du recht
　vielleicht habe ich ihn in Trier angehabt
　bist du dir sicher
DIE FRAU
　Sicher
　den hast du in Trier angehabt
WELTVERBESSERER
　In Trier
　wo wir den Zug versäumt haben
DIE FRAU
　Da hast du ihn angehabt
WELTVERBESSERER
　Daß ich mich nicht mehr erinnere
　daß ich ihn in Trier angehabt habe
　glaubst du
　daß er mir paßt
DIE FRAU
　Er paßt dir bestimmt
WELTVERBESSERER
　Mit Sicherheit
DIE FRAU
　Sicher paßt er dir
　hält den Anzug in die Höhe
WELTVERBESSERER *fährt mit dem Hörrohr in den Anzug hinein*
　Ich kann mich nicht erinnern

daß ich den Anzug in Trier angehabt habe
Keine schöne Erinnerung
an Trier
DIE FRAU
Du hast dich gekränkt
WELTVERBESSERER
Die Leute haben meinen Vortrag nicht verdient
Man geht nicht ungestraft nach Trier
man geht nach Trier und macht sich lächerlich
Habe ich denn keinen anderen Anzug
für diese Gelegenheit
fährt noch einmal mit dem Hörrohr in den Anzug
DIE FRAU
Warum willst du den Anzug nicht anziehn
zieh ihn doch an
Was schert es dich
daß du ihn in Trier angehabt hast
Was schert es dich
ein so schöner Anzug
nur weil du ihn in Trier angehabt hast
soll er nicht mehr gut genug sein
WELTVERBESSERER
In Trier ist die Intelligenz
nicht zuhause
DIE FRAU
Ein so schöner Anzug
WELTVERBESSERER
Wenn die Schneider nicht so unverschämt wären
Die Schneider sind unverschämt
und infam
Ich habe die Infamie der Schneider kennengelernt

DIE FRAU
    Ziehst du den Anzug an
    oder nicht
WELTVERBESSERER
    In Trier habe ich ihn getragen
    du hast recht
    das ist mein Trieranzug
    Aber was schert es mich
    daß ich ihn in Trier getragen habe
    wo sie mich lächerlich gemacht haben
    [...]
    Voltaire habe ich gesagt
    aber sie hatten nicht verstanden
    was ich meinte
    Montaigne habe ich gesagt
    Schleiermacher
    Einer hat gelacht
    ein zweiter hat gelacht
    dann lachten alle
    der ganze Saal hat gelacht
    Da habe ich Schluß gemacht
    Nie wieder Trier
    nie wieder an die Mosel
    Nur einmal begeht ein Mensch wie ich
    diesen Verrat
    [...]
    Diese Schande in Trier
    Hast du dich nicht geschämt
    Ich weiß daß du dich geschämt hast
    zutiefst geschämt
    Hast du dich nicht geschämt

DIE FRAU *nickt*
WELTVERBESSERER
    Aber heute bist du stolz auf mich
DIE FRAU *nickt*
WELTVERBESSERER
    Trier war mir eine Lehre
    Du warst tapfer
    du hast zu mir gehalten

Vöcklabrück/Wels

Und dann diese ekelhaften Ärzte, die er sich kommen hat lassen von Vöcklabruck oder von Wels. Die ihn nur ruiniert haben geistig. Dein Vater war immer der irrigen Meinung gewesen, hochtrabende akademische Titel seien die Gewähr für ein gewisses ansehnliches Geistesvermögen. Darin hat er immer geirrt.

Weimar

Rufmord

Zwei Philosophen, *über* die schon mehr Schriften erschienen sind als von ihnen selbst und die sich, nachdem sie sich jahrzehntelang nicht mehr gesehen hatten, eines Tages ausgerechnet in Goethes Wohnhaus in Weimar wiedergetroffen haben, wohin sie, naturgemäß jeder für sich und aus der entgegengesetzten Richtung, allein zu dem Zweck, die Lebensgewohnheiten Goethes besser kennen zu lernen, gereist waren, was ihnen beiden, weil es Winter und also recht kalt gewesen war, die größten Schwierigkeiten gemacht hatte, versicherten sich bei diesem unerwarteten und tatsächlich für sie beide peinlichen Zusammentreffen der gegenseitigen Hochachtung und Verehrung und kündigten sich auch gleich gegenseitig an, daß sie sich sofort, wenn nachhause gekommen, in die Schriften ihres Kollegen vertiefen werden mit jener Intensität, die diesen Schriften angemessen und würdig sei. Als aber der Eine von ihnen sagte, er werde in der Zeitung, die, seiner Meinung nach, die beste sei, über seine Begegnung im Goethehaus in Weimar berichten, naturgemäß in Form eines philosophischen Aufsatzes, wehrte sich der Andere augenblicklich dagegen und bezeichnete das Vorhaben seines Kollegen als Rufmord.

Wien

Eine *wie* alte und leblose Stadt, ein *wie* großer, von ganz Europa und von der ganzen Welt allein- und liegengelassener Friedhof ist Wien, dachten wir, was für ein riesiger Friedhof zerbröckelnder und vermodernder Kuriositäten!

Wien ist eine fürchterliche Genievernichtungsmaschine, dachte ich auf dem Ohrensessel, eine entsetzliche Talentezertrümmerungsanstalt.
[...]
Dieses Wien ist ja im wahrsten Sinne des Wortes eine *Kunstmühle*, tatsächlich ist es die größte Kunstmühle der Welt, in welcher jahraus, jahrein die Künste und die Künstler zermahlen und zermalmt werden, ganz gleich, was für Künste, ganz gleich, was für Künstler, die Wiener Kunstmühle zermalmt sie in jedem Falle immer total.

Genie

In Wien, wo die Rücksichtslosigkeit und die Unverschämtheit gegen die Denker und gegen die Künstler immer am größten gewesen ist und das sicher als der größte Friedhof der Phantasien und Ideen bezeichnet werden darf und in welchem tausendmal mehr Genies verkommen und verkümmert und vernichtet worden sind, als in Wien tatsächlich zum Vorschein und zu Berühmtheit und Weltberühmtheit gekommen sind, ist in einem Hotel in der Innenstadt ein Mann tot aufgefunden worden, der mit vollkommen klarem Kopf die eigentliche Ursache seines Selbstmordes auf einen Zettel geschrieben und diesen Zettel an seine Jacke geheftet hat. Er habe jahrzehntelang eine Idee verfolgt und diese seine Idee, eine philosophische Idee naturgemäß, tatsächlich in einem größeren Werk verwirklichen und zum Abschluß bringen können und seine ganzen Kräfte seien schließlich von dieser Idee aufgefressen gewesen. Die Anerkennung, die er aber erwartet hatte, sei ausgeblieben. Obwohl er schließlich um Anerkennung *gebettelt* habe, sei sie ihm von den Stellen und von den Leuten verweigert worden, die dafür zuständig gewesen wären. Es habe nichts genützt, daß er die Ungeheuerlichkeit seines Werkes unter Beweis gestellt habe. Nicht nur Kollegenneid, die ganze geistesfeindliche Atmosphäre dieser Stadt habe ihn in den Tod getrieben, ihre kopflose Unmenschlichkeit. Er habe aber, weil er seinen Charakter nicht desavouieren wolle, sein Werk noch vor seinem Selbstmord verbrannt, sein Lebenswerk verbrannt und tatsächlich in wenigen Augenblicken wieder zu nichts gemacht, nachdem es Jahrzehnte zu seiner Entstehung gebraucht hatte, und es nicht einer Nachwelt hinterlassen wollen, die es in keinem Falle verdiente. Die entsetzliche Vorstellung, daß er, wie so viele seinesgleichen, erst nach seinem Tode anerkannt und also ausgenützt und berühmt werde, habe ihn seine Errungenschaft, die tatsächlich viel höher einzuschätzen sei, als alles bisher auf seinem Gebiete Gedachte und Geschriebene, vernichten lassen. Die Stadt Wien, so hat er abschließend auf seinen

Zettel geschrieben, lebt seit sie besteht, von den Werken ihrer genialen Selbstmörder, er sei nicht gewillt, Glied zu sein in dieser Genienkette.

Wien ist mir verhaßt. Ich laufe zweimal die Kärntnerstraße und den Graben auf und ab und werfe dann noch einen Blick in den Kohlmarkt hinein, das genügt, daß es mir den Magen umdreht. Seit dreißig Jahren dasselbe Bild, dieselben Menschen, dieselben Stumpfsinnigkeiten, dieselben Infamien, Niederträchtigkeiten, Verlogenheiten.
[...]
Wien ist heute eine durch und durch proletarisierte Stadt, für welche ein anständiger Mensch nurmehr noch Spott und Hohn und die tiefste Verachtung übrig haben kann. Was in ihr groß oder auch nur beachtenswert gewesen ist, verglichen mit der übrigen Welt, ist längst tot, die Gemeinheit und die Dummheit und die mit diesen beiden gemeinsame Sache machende Scharlatanerie beherrschen heute die Szene. Mein Wien wurde von geschmacklosen und geldgierigen Politikern von Grund auf ruiniert, es ist nicht mehr wiederzuerkennen. An manchen Tagen weht noch die frühere Luft, aber nur für kurze Zeit, dann deckt der Abschaum, der sich in dieser Stadt in den letzten Jahren breitgemacht hat, wieder alles zu. Die Kunst ist in dieser Stadt nurmehr noch eine ekelerregende Farce, die Musik ein abgeleierter Leierkasten, die Literatur ein Alptraum und von der Philosophie will ich gar nicht reden, da fehlen selbst mir, der ich nicht zu den allerphantasielosesten gehöre, die Wörter. Lange Zeit hatte ich gedacht, Wien ist meine Stadt,

sogar, daß es mir Heimat ist, aber jetzt muß ich doch sagen, ich bin doch nicht in einer von den Pseudosozialisten bis an den Rand mit ihrem Unrat angefüllten Kloake zuhause. Auch ist mein Interesse, praktisch Musik zu hören, nicht mehr das von früher, ich lese lieber allein für mich meine Partituren, ist dieses Vergnügen auch ungemein kostspieliger. Aber was bieten diese Konzerte im Musikverein und im Konzerthaus heute schon? Die großartigen Kapellmeister von früher, haben sich in plumpe sensationshaschende Dompteure verwandelt und die Orchester sind unter diesen Dompteuren schwachsinnig geworden. Die Museen habe ich alle gesehen und das Theater ist das staubigste in ganz Europa. Das Burgtheater ist heute doch nichts anderes als eine geschmacklose, wenn auch unfreiwillige Parodie auf das Theater überhaupt, in welcher alles, was mit Geist zu tun hat, fehlt; Provinzialismus, Farce.
[...]
Wer nach Wien geht und in Wien bleibt und den Zeitpunkt übersieht, zu welchem er aus Wien wieder zu verschwinden hat, ist zum sinnlosen Opfer geworden für eine Stadt, die jedem Menschen alles wegnimmt und überhaupt nicht gibt [...]. Die Stadt ist darauf angelegt, daß sie die ihr in die Falle Gegangenen aussaugt und solange aussaugt, bis sie tot umfallen.

Würzburg

FRAU KANT
  In Würzburg hatte er nur einen Hund
  als Zuhörer
KANT *zur Millionärin*
  Eine glänzende Vorlesung
  möglicherweise meine glänzendste Vorlesung
  überhaupt

Zell am See

Prospekt

Ein Salzburger Ehepaar, das immer getrennt gearbeitet hatte und sich jetzt einer doppelten gemeinsamen Rente erfreut, hatte zum Winterende die Idee, nach Zell am See im Pinzgau zu reisen, zu welchem Zwecke das Ehepaar sich einen Prospekt dieses Ortes, der viel gepriesen ist, beschaffte, um darin zu blättern und um auf diese Weise auf ein ihnen für ihr Vorhaben geeignet erscheinendes Wirtshaus für zwei oder drei Wochen zu kommen. Tatsächlich hatten die reisefreudigen Eheleute in dem Prospekt ein Wirtshaus ausfindig gemacht, das ihren Vorstellungen und Ansprüchen zu genügen schien und sie hatten die Reise nach Zell am See angetreten. Wie sie aber in das von ihnen ausgesuchte Wirtshaus eingetreten sind, nachdem sie die doch sehr anstrengende Reise nach Zell am See hinter sich gehabt hatten, mußten sie zur Kenntnis nehmen, daß das in dem Wirtshaus von ihnen Erwartete genau diesen ihren Erwartungen entgegengesetzt war. Die in dem Prospekt beispielsweise als sehr freundlich beschriebenen Zimmer waren finster und es war den entsetzten Eheleuten vorgekommen, als wäre in jedem dieser Zimmer ein geschlossener Sarg auf dem Boden gestanden, auf welchem immer nur ihr Name geschrieben stand.

Nachwort

In die Fundamente des öffentlichen Bewußtseins ist Thomas Bernhard – durch sein Werk und seine persönlichen Stellungnahmen gleichermaßen –, bei seinen Zeitgenossen wie bei der Nachwelt, als »Österreicherhasser«, als »Nestbeschmutzer« eingelassen: ein Urteil, das nach und nach relativiert wurde aufgrund der Annahme, seine ununterbrochenen Tiraden resultierten aus einer »Haßliebe« zu seinem Heimatland, und der Abstempelung des Autors zum »Übertreibungskünstler«, der zufolge alle seine Aussagen nicht so gemeint seien, wie deren wörtliches Verständnis nahelege. Im Zuge seines Aufstiegs zum österreichischen Nationaldichter bestimmen weitere Relativierungen die Reaktionen auf die »Scheltreden«: Österreich sei nur eine Metapher für jede andere politische Entität, es seien keine konkreten Personen oder Zustände angesprochen, vielmehr handele es sich gerade bei Orten um »Kunstgebilde«, die sich jeder politischen, historischen oder geographischen Situierung entzögen, es handele sich weniger um »Sachverhalte« als um »Sprachverhalte«, und die sollen darüber hinaus austauschbare, jedweder Besonderheiten beraubte, also auf jeden beliebigen anderen Ort anwendbare Szenarien benennen.
Wie die in diesem Band zusammengestellten Diatriben – auf eine Unterscheidung zwischen Figurenrede (im literarischen Werk) und Stellungnahmen des Autors Thomas Bernhard wurde verzichtet, da der Autor sich bekanntermaßen genauso äußert wie seine Protagonisten – gegen Städte zeigen, muß Bernhard auch als »Deutschlandhasser«, sogar als »Europahasser« gelten: ob Rom oder Oslo, ob Athen oder

Lissabon oder Bukarest, ganz zu schweigen von München, Frankfurt, Düsseldorf, Berlin oder Hamburg, sie sind, mal mehr, mal weniger expliziert, Brutstätten des Kleinbürgertums, das sich durch Stumpfsinn, Borniertheit hervortut und für häßliche Bauten, Gestank und »Mord« der Künstler und deren Leistungen verantwortlich zeichnet, das in Deutschland und Österreich den Nährboden für das Überleben alter und das Heranwachsen neuer Nazis darstellt, das zumindest die »Geistesmenschen« zugrunde richtet, kurz: ganz Europa ist (gefährliche) Provinz.

Gegen diesen Vorwurf des Hinterwäldertums glaubten Österreichs Politiker und Intellektuelle sich vermehrt seit dem Staatsvertrag 1955 wehren zu müssen. So erschien 1965 in Wien ein Sammelband, an dem sich unter anderen Josef Kaut und Hilde Spiel beteiligten, über 300 Seiten stark, unter dem Titel *Österreich – Geistige Provinz?*. »Die Beiträge dieses Bandes [...] setzen sich kritisch und nüchtern mit dem oft gehörten, geradezu schon mal zum Schlagwort gewordenen Vorwurf der Provinzialität unseres geistigen Lebens und Treibens auseinander. [...] wer hätte auch heute noch den Mut, etwa Linz, das sich immer so schön auf Provinz reimte [...], ›Provinz‹ zu nennen?« In seinem Essay *Zur Situation des deutschen Theaters* beklagte Oscar Fritz Schuh das Fehlen einer (politischen wie kulturellen) Metropole in der Bundesrepublik, weshalb dort bloße »Theaterprovinzen« nebeneinander existierten. Er ging in einem Interview mit dem *Spiegel* 1963 auf den Augsburger Opern-Skandal vom Vorjahr ein und prognostizierte dem Regisseur der *Figaro*-Aufführung (das Bühnenbild, von Hans-Ulrich Schmückle stammend, erotische Rokoko-Szenen von François Boucher integrierend, galt einigen Besuchern als »obszön« und rief, entfacht von einem Studienrat, einen Pressetumult hervor, woraufhin die Augsburger Staatsanwaltschaft ein Ermittlungsverfahren gegen Intendant und Bühnenbildner einleitete, das nach mehreren Gutachten eingestellt wurde), Karl Bauer, eine steile Karriere an einem anderen Provinztheater (Bauer blieb allerdings bis 1968 in Augsburg). Immerhin konnte man sich 1963, mit beträchtlicher Verspätung nach den ersten Theatererfolgen Brechts im Rest der Republik, zur Gründung einer Brecht-Forschungsstelle durchringen, womit der schlimme Brecht, so Oberbürgermeister Hans Breuer, als nicht ganz so bösartig wie Bernhard die erste Anerkennung in seinem Geburtsort fand.

Die Augsburger waren also prädestiniert für eine erneute Erregung, diesmal über ein 1974 bei den Salzburger Festspielen uraufgeführtes Theaterstück, Bernhards *Die Macht der Gewohnheit*, und erwiesen ihrem Ruf als »muffige[m] verabscheuungswürdige[m] Nest« alle Ehre (siehe die fast vollständige Dokumentation der zeitgenössischen Aufregung S. 13 ff.): Nicht das die »Komödie« – sie gastierte in der Besetzung der Salzburger Uraufführung 1975 in mehr als zwanzig Provinzstädten, z. B. Leverkusen, Wiesbaden, Offenbach, Köln oder Frankfurt am Main – als Refrain durchziehende »Morgen in Augsburg« sorgte, als Ansporn für künstlerische Hochleistungen deutbar, dort für Aufmerksamkeit, sondern das Epitheton »Lechkloake«, das Augsburg in die Literaturgeschichte eingravierte. Auf den in Augsburg entfachten Skandal, der das Verhalten der (einiger) Augsburger seinerseits zum Skandal machte, reagierte Bernhard zunächst mit einem Telegramm (S. 27), in dem er von Lissabon aus »den Augsburgern und allen in Europa, die sich als Augsburger verstehen«, sein Mitgefühl aussprach: Es galt jenen Bewohnern dieser Stadt, die sich als Provinzler durch ihr Verhalten zu erkennen gaben, sowie allen Provinzlern in Europa – Augsburg ist allgegenwärtig. (Die später, bei seinem Besuch in der Kulturredaktion der *Augsburger Allgemeinen* (S. 38 ff.), auf eine Beruhigung der Augsburger Seele zielende Erklärung, er habe Augsburg nur aus rhythmischen Gründen in seinen Text übernommen, ist wenig glaubwürdig: worin unterscheiden sich in dieser Hinsicht Salzburg und Augsburg? Ebensowenig überzeugend ist die Josef Kaut zugeschriebene Behauptung, der Autor habe vorsorglich, um die Uraufführung des Stücks in Salzburg nicht zu gefährden, Salzburg nicht genannt: Ein Jahr später erfährt die österreichische Stadt, in der autobiographischen *Die Ursache,* eine Würdigung, die als literarische Exekution nur schwer zu überbieten ist.)

Wenn Augsburg nur der generalisierte Name für einen europaweit herrschenden Zustand ist, erhebt sich zwangsläufig die Frage, wo die Rettung des »Geistesmenschen«, also der Gegenpol zu den Provinzen, die Metropole, stattfinden könnte. Die Hauptstadt oder die Städte im allgemeinen bilden für Bernhard und seine Personen keinesfalls dies Refugium vor dem provinziellen Dilettantismus: Sie sind als »Städteverächter« die Beschimpfer aller Städte als Provinzen par excellence. Das entsprechende Komplement, das Land, unterliegt derselben Kritik wie Stadt und Metropole, es schützt also nicht, als etwaiger Ruhepunkt gedacht, vor den Zumutungen des Dilettantismus. Bernhard zu Ende gedacht: Die Unterscheidung zwischen Metropolen und Provinzen fällt in sich zusammen, alles ist Provinz oder alles ist Metropole, was auf dasselbe hinausläuft. Wo läßt sich also das Leben aushalten? Für den die Gegensätze annullierenden Ironiker Bernhard ist das eine ausgemachte Sache, wie er in *Wittgensteins Neffe* statuiert: »(...) ich fahre in immer kürzeren Abständen nach Wien und wieder nach Nathal (in die oberösterreichische Provinz; RF) zurück und von Nathal aus in eine andere Großstadt, nach Venedig oder Rom und wieder zurück, nach Prag und wieder zurück. Und die Wahrheit ist, daß ich nur *im Auto sitzend* zwischen dem einen Ort, den ich gerade verlassen habe und dem andern, auf den ich zufahre, *glücklich bin*, nur im Auto und auf der Fahrt bin ich glücklich, ich bin der unglücklichste Ankommer, den man sich vorstellen kann, gleich, wo ich ankomme, komme ich an, bin ich unglücklich. Ich gehöre zu den Menschen, die im Grunde keinen Ort der Welt aushalten und die nur glücklich sind *zwischen den Orten*, von denen sie weg und auf die sie zufahren.«

Trotzdem ist – um die ironische Bernhardsche Bewegung der Auslöschung des Bekannten und der Ausstellung des ungedachten Neuen weiter voranzutreiben – Wieland Schmied zuzustimmen, wenn er den Orten in Bernhards Werk eine »entscheidende Rolle« zuerkennt: Sie dienen zum einen dazu, seine literarischen Szenarien in der Wirklichkeit zu verankern, zum anderen, ganz im Gegenteil, dazu, etwas zu vermitteln, was sie per se »nicht geben können«, da sich die »Geistesmenschen« von ihnen die Erfüllung des Unerfüllbaren erwarten. Das Unerfüllbare: die Niederschrift der ersten Sätze einer alle andere Schriften in den Schatten stellenden Studie, wie es im *Kalkwerk*, einem vor der Aufführung von *Die Macht der Gewohnheit* publizierten Roman, heißt: »[...] die Studie nach ein paar Sätzen in einem einzigen Zuge niederschreiben zu können, in Augsburg und in Innsbruck und in Paris und in Aschaffenburg und in Schweinfurt und in Bozen und in Meran und in Rom und in London und in Wien und in Florenz und in Kopenhagen und in Hamburg und in Frankfurt und in Köln und in Brüssel und in Ravensburg und in Rattenberg und in Toblach und in Neulengbach und in Korneuburg und in Gänserndorf und in Calais und in Kufstein und in München und in Prien und in Mürzzuschlag und in Thalgau und in Pforzheim und in Mannheim.«

Und wenn die Welt »insgesamt schon gänzlich Provinz geworden« ist, dann ist die Auflösung aller Gegensätze gegeben, erfüllt sich die negative Utopie: Menschen können nicht mehr als Geistesmenschen fortbestehen, das Ende jeglicher Zivilisation steht unwiderruflich bevor.

Raimund Fellinger

Quellenangaben

Es werden im folgenden nur die Texte von Thomas Bernhard (*Werke*, 22 Bände, hg. von Martin Huber und Wendelin Schmidt-Dengler, 2003-2015) nachgewiesen sowie aus anderen Büchern zitierte Dokumente angeführt. Die genauen Angaben zu Leserbriefen, Kommentaren etc. werden am Ende der jeweiligen Materialien verzeichnet.

Altaussee: aus: *Elisabeth II* (*Werke*, Bd. 20: *Dramen VI*), S. 129, S. 158
Altensam: aus: *Korrektur* (*Werke*, Bd. 4), S. 28f.
Augsburg:

a) aus: *Die Macht der Gewohnheit* (*Werke*, Bd. 16: *Dramen II*), S. 97-104

b) Briefwechsel zwischen Hans Breuer und Siegfried Unseld, in: Thomas Bernhard – Siegfried Unseld, *Der Briefwechsel*, hg. von Raimund Fellinger, Martin Huber und Julia Ketterer, Frankfurt am Main 2009, S. 444-447

c) *Behauptung*, in: *Der Stimmenimitator* (*Werke*, Bd. 14: *Erzählungen. Kurzprosa*), S. 270

Bad Gastein: aus: *Elisabeth II* (*Werke*, Bd. 20: *Dramen VI*), S. 128
Bad Ischl: aus: *Elisabeth II* (*Werke*, Bd. 20: *Dramen VI*), S. 148
Berlin: Archiv der Akademie der Künste, Berlin
Bochum:

a) *Empfindung* in: *Der Stimmenimitator* (*Werke*, Bd. 14: *Erzählungen. Kurzprosa*), S. 309

b) aus: *Claus Peymann verläßt Bochum und geht als Burgtheaterdirektor nach Wien* (*Werke*, Bd. 20: *Dramen VI*), S. 63f.

Bremen: aus: *Meine Preise* (*Werke*, Bd. 22. II.: *Journalistisches, Reden, Interviews*), S. 390ff.
Bruck an der Leitha: aus: *Alte Meister* (*Werke*, Bd. 8), S. 11
Brügge: *Falsch gesungen*, in: *Der Stimmenimitator* (*Werke*, Bd. 14: *Erzählungen. Kurzprosa*), S. 292
Bukarest: *Entscheidung*, in: *Der Stimmenimitator* (*Werke*, Bd. 14: *Erzählungen. Kurzprosa*), S. 325

Chur:
    a) aus: *Ungenach* (*Werke*, Bd. 12: *Erzählungen II*), S. 9
    b) aus: *Der Untergeher* (*Werke*, Bd. 6), S. 37 u. S. 55f.

Darmstadt: *Zu meinem Austritt* (*Werke*, Bd. 22. I: *Journalistisches. Reden. Interviews*), S. 662ff.

Dinkelsbühl: aus: *Minetti* (*Werke*, Bd. 17: *Dramen III*), S. 55ff.

Düsseldorf: *Unmöglich*, in: *Der Stimmenimitator* (*Werke*, Bd. 14: *Erzählungen. Kurzprosa*), S. 308

Frankfurt: Brief von Thomas Bernhard an Siegfried Unseld, in: Thomas Bernhard – Siegfried Unseld, *Der Briefwechsel*, hg. von Raimund Fellinger, Martin Huber und Julia Ketterer, Frankfurt am Main 2009, S. 471f.

Freiburg im Breisgau: aus: *Auslöschung* (*Werke*, Bd. 9), S. 103f.

Goldegg-Weng:
    a) aus: *Frost* (*Werke*, Bd. 1), S. 10f.
    b) Staatspreisträger Bernhard, zitiert nach Olaf Lahayne, *Beschimpft Österreich! Der Skandal um die Staatspreisrede im März 1968*, Göttingen 2016, S. 91f.
    c) Protokoll der 10. Sitzung der 5. Gesetzgebungsperiode des Salzburger Landtages, 24. April 1968, zitiert nach Olaf Lahayne, *Beschimpft Österreich!*, a. a. O., S. 101
    d) Anfrage über Ruhm, zitiert nach Olaf Lahayne, *Beschimpft Österreich!*, a. a. O., S. 100

Graz:
    a) *Konsequenz*, in: *Der Stimmenimitator* (*Werke*, Bd. 14: *Erzählungen. Kurzprosa*), S. 336
    b) aus: *Beton* (*Werke*, Bd. 5), S. 100f.
    c) aus: *Heldenplatz* (*Werke*, Bd. 20: *Dramen VI*), S. 226

Innsbruck: aus: *Zwei Erzieher*, in: *Prosa* (*Werke*, Bd. 14: *Erzählungen. Kurzprosa*), S. 14ff.

Interlaken: aus: *Der Weltverbesserer* (*Werke*, Bd. 17: *Dramen III*), S. 220f. und S. 262f.

Kitzbühel: *Verdacht*, in: *Der Stimmenimitator* (*Werke*, Bd. 14: *Erzählungen. Kurzprosa*), S. 253

Koblenz: *Warnung*, in: *Der Stimmenimitator* (*Werke*, Bd. 14: *Erzählungen. Kurzprosa*), S. 272

Krottendorf (Weiz): aus: *Verstörung* (*Werke*, Bd. 2), S. 34 u. S. 37
Leoben: aus: *Beton* (*Werke*, Bd. 5), S. 103
Linz:

a) *Rezept*, in: *Der Stimmenimitator* (*Werke*, Bd. 14: *Erzählungen. Kurzprosa*), S. 262

b) aus: *Alte Meister* (*Werke*, Bd. 8), S. 47f.

Lissabon:

a) aus: *Auslöschung* (*Werke*, Bd. 9), S. 162

b) aus: *Elisabeth II.* (*Werke*, Bd. 20: *Dramen VI*), S. 135f.

London:

a) aus: *Oja* (*Werke*, Bd. 22. I: *Journalistisches. Reden. Interviews*), S. 579

b) *Piccadillycircus*, in: *Der Stimmenimitator* (*Werke*, Bd. 14: *Erzählungen. Kurzprosa*), S. 286

Lörrach: aus: *Der Theatermacher* (*Werke*, Bd. 19: *Dramen V*), S. 115
Lübeck: aus: *Minetti* (*Werke*, Bd. 17: *Dramen III*), S. 37, 40, 50 u. 59
Ludwigshafen: aus: *Einfach kompliziert* (*Werke*, Bd. 20: *Dramen VI*), S. 51
Lüttich: aus: *Minetti* (*Werke*, Bd. 17: *Dramen III*), S. 48f.
Mattighofen: aus: *Der Theatermacher* (*Werke*, Bd. 19: *Dramen V*), S. 129
Meran: aus: *Match*, in: *Der deutsche Mittagstisch* (*Werke*, Bd. 17: *Dramen III*), S. 298f.
Montreux: aus: *Der Weltverbesserer* (*Werke*, Bd. 17: *Dramen III*), S. 195f.
München: Zwei Briefe von Thomas Bernhard an Siegfried Unseld sowie die Antwort von Unseld zitiert nach: Thomas Bernhard – Siegfried Unseld, *Der Briefwechsel*, hg. von Raimund Fellinger, Martin Huber und Julia Ketterer, Frankfurt am Main 2009, S. 356-361 u. S. 549ff.
Neapel: aus: *Auslöschung* (*Werke*, Bd. 9), S. 161
Oslo: aus: *Holzfällen* (*Werke*, Bd. 7), S. 130
Osnabrück: aus: *Die Macht der Gewohnheit* (*Werke*, Bd. 16: *Dramen II*), S. 54f.
Paris: aus: *Vor dem Ruhestand* (*Werke*, Band 18: *Dramen IV*), S. 37
Passau: aus: *Der Untergeher* (*Werke*, Bd. 6), S. 46f.

Regensburg: aus: *Meine Preise* (*Werke*, Bd. 22. II: *Journalistisches. Reden. Interviews*), S. 378ff.

Salzburg:

a) aus: *Der Untergeher* (*Werke*, Bd. 6), S. 13ff.

b) *In Flammen aufgegangen* (*Werke*, Bd. 14: *Erzählungen. Kurzprosa*), S. 453

c) *Anfrage im Landtag*, in: *Der Stimmenimitator* (*Werke*, Bd. 14: *Erzählungen. Kurzprosa*), S. 303

d) aus: »Alle Menschen sind Monster, sobald sie ihren Panzer lüften«. Interview von Jean-Louis de Rambures (*Werke*, Bd. 22. II: *Journalistisches. Reden. Interviews*), S. 251f.

Sankt Radegund: aus: *Der Theatermacher* (*Werke*, Bd. 19: *Dramen V*), S. 109f.

Schwarzach: aus: *Frost* (*Werke*, Bd. 1), S. 288f.

Traunstein: aus:

a) *Ein Kind*, in: *Die Autobiographie* (*Werke*, Bd. 10), S. 421

b) *Maiandacht*, in: *Der deutsche Mittagstisch* (*Werke*, Bd. 17: *Dramen III*), S. 274-294

Trier: aus: *Der Weltverbesserer* (*Werke*, Bd. 17: *Dramen III*), S. 216-220

Vöcklabruck/Wels: aus: *Auslöschung* (*Werke*, Bd. 9), S. 41f.

Weimar: *Rufmord*, in: *Der Stimmenimitator* (*Werke*, Bd. 14: *Erzählungen. Kurzprosa*), S. 237

Wien:

a) aus: *Verbrechen eines Innsbrucker Kaufmanns*, in: *Prosa* (*Werke*, Bd. 14: *Erzählungen. Kurzprosa*), S. 72

b) aus: *Holzfällen* (*Werke*, Bd. 7), S. 62 u. S. 174

c) *Genie*, in: *Der Stimmenimitator* (*Werke*, Bd. 14: *Erzählungen. Kurzprosa*), S. 345f.

d) aus: *Beton* (*Werke*, Bd. 5), S. 22 und S. 63ff.

Würzburg: aus: *Immanuel Kant* (*Werke*, Bd. 17: *Dramen III*), S. 140

Zell am See: *Prospekt*, in: *Der Stimmenimitator* (*Werke*, Bd. 14: *Erzählungen. Kurzprosa*), S. 239

Thomas Bernhard
im Suhrkamp und im Insel Verlag

Werke in 22 Bänden. Herausgegeben von Martin Huber und Wendelin Schmidt-Dengler. Bisher erschienen: Bd. 1: Frost. Bd. 2: Verstörung. Bd. 3: Das Kalkwerk. Bd. 4: Korrektur. Bd. 5: Beton. Bd. 6: Der Untergeher. Bd. 7: Holzfällen. Bd. 8: Alte Meister. Bd. 9: Auslöschung. Bd. 10: Die Autobiographie. Bd. 11: Erzählungen 1 (In der Höhe. Amras. Der Italiener. Der Kulterer). Bd. 12: Erzählungen 2 (Ungenach. Watten. Gehen). Bd. 13: Erzählungen 3. Bd. 14: Erzählungen. Kurzprosa. Bd. 15: Dramen 1. Bd. 16: Dramen 2. Bd. 17: Dramen 3. Bd. 18: Dramen 4. Bd. 19: Dramen 5. Bd. 20: Dramen 6. Bd. 21: Gedichte. Bd. 22: Der öffentliche Bernhard.

Alte Meister. Komödie. st 1553 und BS 1120. 311 Seiten

Alte Meister. Komödie. Graphic Novel. Illustrationen von Nicolas Mahler. 158 Seiten

Amras. st 1506. 99 Seiten

Amras. Mit einem Kommentar von Bernhard Judex. SBB 70. 143 Seiten

An der Baumgrenze. BS 1453. 105 Seiten

Auslöschung. Ein Zerfall. st 1563. 651 Seiten

Aus Opposition gegen mich selbst. Ein Lesebuch. Herausgegeben von Raimund Fellinger. st 4211. 368 Seiten

Argumente eines Winterspaziergängers. Und ein Fragment zu »Frost«: Leichtlebig. Mit dem Faksimile des Leichtlebig-Typoskripts. Gebunden. 146 Seiten

Bernhard für Boshafte. it 4153. 73 Seiten

Beton. st 1488. 213 Seiten

Die Billigesser. st 1489. 150 Seiten

Claus Peymann kauft sich eine Hose und geht mit mir essen. Drei Dramolette. st 2222. 96 Seiten

Der deutsche Mittagstisch. Dramolette. Mit Abbildungen. st 3007. 148 Seiten

Ein Fest für Boris. es 440. 106 Seiten

Eine Begegnung. Gespräche mit Krista Fleischmann. st 3757. 156 Seiten

Erzählungen. st 1564. 195 Seiten

Erzählungen. Kommentar: Hans Höller. SBB 23. 172 Seiten

Frost. st 47. 315 Seiten

Gehen. st 5. 100 Seiten

Gesammelte Gedichte. Herausgegeben von Volker Bohn. st 2262. 350 Seiten

Goethe schtirbt – Erzählungen. st 4278. 97 Seiten

Heldenplatz. st 2474. 176 Seiten

Heldenplatz. Mit einem Kommentar von Martin Huber.
SBB 124. 205 Seiten

Holzfällen. Eine Erregung. st 1523. 336 Seiten

In der Höhe – Rettungsversuch. Unsinn. st 2735. 143 Seiten

Der Italiener. st 1645. 92 Seiten

Der Italiener. Nach einer Erzählung von Thomas Bernhard.
127 Minuten. Schwarzweiß. DVD mit Extras und einem
Booklet. Deutsche Originalfassung. fes 18

Ja. st 1507. 160 Seiten

Das Kalkwerk. Roman. st 128 und BS 1320. 224 Seiten

Korrektur. Roman. st 1533. 384 Seiten

Der Kulterer. Eine Filmgeschichte. st 306. 122 Seiten.
IB 1339. 69 Seiten

Meine Preise. st 4186. 142 Seiten

**Monologe auf Mallorca & Die Ursache bin ich selbst. Die
großen Interviews mit Thomas Bernhard.** DVD mit Begleitheft, darin Essays von Raimund Fellinger und Krista
Fleischmann. 94 Minuten. Deutsche Originalfassung. fes 4

»Sind Sie gern böse?« Ein Nachtgespräch zwischen Thomas
Bernhard und Peter Hamm. Broschur. 62 Seiten

Der Stimmenimitator. st 1473. 179 Seiten

Stücke 1. Ein Fest für Boris – Der Ignorant und der Wahnsinnige – Die Jagdgesellschaft – Die Macht der Gewohnheit. st 1524. 350 Seiten

Stücke 2. Der Präsident – Die Berühmten – Minetti – Immanuel Kant. st 1534. 352 Seiten

Stücke 3. Vor dem Ruhestand – Der Weltverbesserer – Über allen Gipfeln ist Ruh – Am Ziel – Der Schein trügt. st 1544. 465 Seiten

Stücke 4. Der Theatermacher – Ritter, Dene, Voss – Einfach kompliziert – Elisabeth II. st 1554. 368 Seiten

Der Theatermacher. BS 870. 162 Seiten

Thomas Bernhard. Ein Lesebuch. Herausgegeben von Raimund Fellinger. st 2158. 365 Seiten

Thomas Bernhard, Siegfried Unseld. Der Briefwechsel. Herausgegeben von Raimund Fellinger, Martin Huber und Julia Ketterer. Broschur. 869 Seiten

Ungenach. Erzählung. st 2819. 93 Seiten

Der Untergeher. 243 Seiten. st 1497. 256 Seiten

Verstörung. 194 Seiten. BS 229. st 1480. 208 Seiten

Der Wahrheit auf der Spur – Die öffentlichen Auftritte. Herausgegeben von Wolfram Bayer, Raimund Fellinger und Martin Huber. Gebunden und st 4337. 344 Seiten

Watten. Ein Nachlaß. st 2820. 96 Seiten

Wittgensteins Neffe. Eine Freundschaft. BS 788. 164 Seiten. st 1465. 176 Seiten. st 3842. 163 Seiten

Materialien zu Thomas Bernhard

Antiautobiographie. Zu Thomas Bernhards »Auslöschung«. Herausgegeben von Hans Höller und Irène Heidelberger-Leonard. st 2488. 250 Seiten

Thomas Bernhard und Frankfurt. Der Autor und sein Verleger. Herausgegeben von Martin Huber. Broschur. 18 Seiten

Thomas Bernhard. Leben. Werk. Wirkung. Von Manfred Mittermayer. sb 11. 160 Seiten

Thomas Bernhard und seine Lebensmenschen. Der Nachlaß. Herausgegeben von Martin Huber, Manfred Mittermayer und Peter Karlhuber. Mit zahlreichen Abbildungen und Faksimiles. Broschur. 208 Seiten

Graphic Novel

Der Weltverbesserer. Gezeichnet von Nicolas Mahler. Graphic Novel. 124 Seiten